世界名人非常之路

# 乔布斯

## 美国苹果公司教父

李连成◎编著

中国社会出版社

国家一级出版社·全国百佳图书出版单位

# "世界名人非常之路" 编委会

主　　任：李丹丹

编　　委：胡元斌　郭艳红　刘　超　周丽霞　赵一帆　乌日克

　　　　　孙鹏飞　李　乐　石　静　刘干才　李　勇　王金锋

　　　　　信自力　张学文　刘　力　李连成　顾文州　鹿军士

　　　　　张恩台　李丹丹　牛　月　孙常福　钱佳欣　柳　静

　　　　　张建成　闫婷婷　阎万霞　杨宏伟　李　奎　方仕华

　　　　　方仕娟　张德荣　台运真　李正平　李正蕊　周红英

　　　　　余海文　冯化太　冯化志　唐　容　熊　伟　杨永金

　　　　　文杰林　刑建华　蒲永平　李建学　马　良　马金诚

　　　　　向平才　文飞扬

总 策 划：侯　钰

# 写在前面的话

那是18世纪，爱尔兰著名经济学家理查德·坎蒂隆著作了《商业性质概论》一书，他在该书中首次对"企业家"进行了定义，阐释企业家是专门承担风险的人。

后来，奥地利著名政治经济学家约瑟夫·熊彼特在所著《资本主义、社会主义与民主》中指出，企业家就是创新者，就是不断探索新的可能方案，不断寻找新的意义所在，不断发现新的实现自我的途径。按照他的定义，企业家的内涵和外延要广泛得多，不仅包括在交换经济中通常所称的生意人，也包括公司雇用人员，例如经理、董事会成员等。

美国著名企业家克雷格·霍尔在所著《负责任的企业家》中指出，企业家是做实事的人，是冒险家，是风险承担者，他们对朋友、商界伙伴和社会是负责任的。也就是说，企业家不仅是社会革新者，更是社会责任与信用关系的维护者，并且致力于改进社会。

总之，"企业家是不断在经济结构内部进行'革命突变'，对旧的生产方式进行'创造性破坏'，实现经济要素创新组合的人。"他们创造物质财富，推动社会不断进步，使人们更加幸福。财富虽然只是一个象征，但它与人们的生活、国家的发展、民族的强盛等息息相关。

企业家也创造巨大的精神财富，他们在追求财富过程中所表现出来的创新、冒险、合作、敬业、学习、执着、诚信和服务等精神，值得我们每一个人学习。这种企业家精神既是这个特殊群体的共同特征，也是他们独特的个人素质、价值取向以及思维模式，更是他们行动的理性超越和精神升华。

当然，企业家是在创造财富的实际行动中，在点点滴滴的事例中体现出伟大精神的。我们在追寻他们成长发展的历程时就会发现，虽然他们成长发展的背景各不相同，但他们在一生中所表现出的辛勤奋斗和顽强拼搏的精神，则是殊途同归的。

　　这正如美国著名思想家和文学家爱默生所说："伟大人物最明显的标志，就是他们拥有坚强的意志，不管环境怎样变化，他们的初衷与希望永远不会有丝毫的改变，他们永远会克服一切障碍，达到他们期望的目的。"同时，爱默生认为："所有伟大人物都是从艰苦中脱颖而出的。"

　　为此，我们特别推出了"中外企业家成长启示录"丛书，精选荟萃了现当代中外在钢铁、石油、汽车、船运、时装、娱乐、传媒、电脑、信息、商业、金融、投资等方面最具有代表性的企业家，主要以他们的成长历程和人生发展为线索，尽量避免冗长的说教性叙述，采用日常生活中富于启发的小故事来传达他们的精神。尤其着重表现他们所处时代的生活特征和他们建功立业的艰难过程。本套作品充满了精神的力量、创业的经验、经营的学问、管理的智慧以及财富的观念，相信我们广大读者一定会产生强烈的共鸣和巨大的启迪。

　　为了让广大读者更方便地了解和学习这些企业家，我们还增设了人物简介、经典故事、年谱和名言等相关内容，使本套作品更具可读性、指向性和知识性。为了更加形象地表现企业家的发展历程，我们还根据他们的成长线索，适当配图，使之图文并茂，形式新颖，以便更加适合读者阅读和收藏。

　　我们在编撰本套作品时，为了体现内容的系统性和资料的翔实性，参考和借鉴了国内外的大量资料和许多版本，在此向所有辛勤付出的人们表示衷心谢意。但仍难免出现挂一漏万或错误疏忽，恳请读者批评指正，以利于我们修正。我们相信广大读者通过阅读这些著名企业家的人生成长与成功故事，会更好地把握自我成长中的目标和关键点，直至开创自我的幸福人生！

# 人物简介

### ❧ 名人简介 ❧

　　史蒂夫·乔布斯（Steve Jobs，1955～2011），美国发明家、企业家，美国苹果公司联合创办人、行政总裁。

　　乔布斯1955年2月24日出生于美国旧金山，他的生母是一名年轻的未婚在校研究生，因为自己无法在读书的同时带孩子，她决定将乔布斯送给别人收养。就这样，乔布斯在婴儿时期被保罗·乔布斯和克拉拉·乔布斯夫妇领养，前者为一家激光公司的机械师，后者为会计师。

　　1972年，乔布斯毕业于加利福尼亚州洛斯阿图斯的高中，后入俄勒冈州波特兰的里德学院，6个月后退学，专心研究电子。

　　1976年，乔布斯和斯蒂芬·沃兹涅克以及韦恩三人在车库里办起了苹果公司，研制个人电脑。后来韦恩退出，乔布斯和沃兹涅克两人生产出第一代"苹果电脑"。此后，苹果公司发展顺利，至1984年，第二代"苹果机"，即"麦金托什"诞生了。

　　至1985年为止，苹果公司发展顺利，拥有4000名员工，股票市值高达20亿美元。乔布斯个人也很顺利，名利双收。2011年10月5日，乔布斯因病逝世，享年56岁。

## ∽ 成就与贡献 ∾

　　乔布斯一生陪伴苹果公司数十年的起落与复兴，先后领导和推出了"麦金托什"计算机、iMac、iPod、iPhone 等风靡全球亿万人的电子产品，深刻地改变了现代通信、娱乐乃至生活方式。

　　乔布斯是改变世界的天才，他凭敏锐的触觉和过人的智慧，勇于变革，不断创新，引领全球资讯科技和电子产品的潮流，把电脑和电子产品变得简约化、平民化，让曾经是昂贵稀罕的电子产品变为现代人生活的一部分。

## ∽ 地位与影响 ∾

　　乔布斯的生涯极大地影响了硅谷风险创业的传奇，他将美学至上的设计理念在全世界推广开来。他对简约及便利设计的推崇为他赢得了许多忠实追随者。

　　乔布斯与沃兹涅克共同使个人计算机在 20 世纪 70 年代末至 80 年代初流行开来，他也是第一个看到鼠标的商业潜力的人。

　　1985 年，乔布斯获得了由里根总统授予的"国家级技术勋章"。1997 年，成为《时代周刊》的封面人物；同年被评为"最成功的管理者"，是声名显赫的"计算机狂人"。

　　2007 年，乔布斯被《财富》杂志评为年度"最有影响力的商人"。2009 年，被财富杂志评选为"十年美国最佳行政总裁"，同年当选《时代周刊》"年度风云人物"之一。

# 目录

**乔布斯**

# "苹果" 诞生

你的时间有限，所以不要为别人而活。不要被教条所限，不要活在别人的观念里。

—— 乔布斯

# 与众不同的孩子

　　1955 年 2 月的一天，美国旧金山春寒料峭，年轻的女硕士研究生乔安妮徘徊在街头，大腹便便，未褪去冬装的身体显得很笨重，她脸上带着对自己未出生的孩子的深深忧虑。

　　乔安妮生活拮据，却未婚先孕，这对她真是双重的打击。孩子的父亲阿卜·杜法塔·简德里，是叙利亚移民，他是乔安妮在威斯康星大学的政治老师。生活在保守的美国南方的乔安妮父母极力反对这桩姻缘，父亲老谢保先生甚至威胁女儿，假使女儿一意孤行便取消她的继承权。

　　乔安妮含着眼泪说："孩子，难道你还未出生，就注定了被抛弃的命运吗？"在命运的十字路口，乔安妮作出了自己的选择。

　　乔安妮决定独自去加州分娩，还想在当地给这个孩子找一个合适的人家。乔安妮对收养家庭的要求很简单，她希望孩子未来的养父母都受过良好的教育。

　　乔安妮首先为自己将来的孩子选定了一个律师家庭，她希望自己的孩子能接受良好的教育，能在这个家庭中健康快乐地成长。2 月 14 日，乔安妮顺利地生下了一个男孩。但是，就在孩子呱呱坠地的一刻，律师夫妇突然宣布他们想收养的是女孩，因为他们还想要自己的儿子。

　　这个改变让乔安妮猝不及防，她只得另选他人。当时，她给领养预备名单上的另一个家庭打了个电话："我们这儿出了个意外，有个男孩，你们要收养吗？"

　　这对夫妇是年过半百的保罗·乔布斯和妻子克拉拉。他们 10 多年来一直想收养孩子，愿望却始终没有实现。他们接到电话后，立即欣然前往。这对夫妇很高兴能把乔布斯接到自己的家中，并向乔布斯的母亲承诺一定把他当作自己的亲生儿子来抚养。

可是，乔安妮后来发现，保罗夫妇俩不仅没有念过大学，保罗甚至连高中都没有上过，这和她当初的想法相去甚远。在之后的几个月里，她一直拒绝在领养书上签字。

但这对夫妇非常喜欢这个孩子，很想将他领养回家，在多次沟通之后，这对夫妻向乔安妮保证："您放心，我们一定会供孩子上大学。"

就这样，刚刚出生的小男孩进入了这个普通的美国家庭之中，他也终于有了一个完整的家。乔布斯一家住在郊区普通公寓里，克拉拉是会计，保罗在一家生产激光仪器的厂里当工人。从此，这个被抱养的男孩也有了自己的名字：史蒂夫·乔布斯。

小乔布斯的新家位于加利福尼亚州芒廷维尤，当时那里还只是一个拥有很多果园的乡下小镇，但是没过多久，这个小镇就发生了翻天覆地的变化，因为美国的硅谷就是从这里逐渐发展起来的，当时很多电子工程师，包括惠普公司的工程师都住到了乔布斯所在的街区。

在很小的时候，小乔布斯就展现出了与普通小孩不同的一面。他在 3 岁的时候，就开始搞恶作剧。

有一次，小乔布斯把一根发卡放入电源插座的插孔里。克拉拉发现之后，奇怪地问他："孩子，你把它放在那里做什么？"

小乔布斯回答："没什么，我仅仅是想闻一闻它是什么气味。"

养父母果然没有食言。为了孩子，老乔布斯夫妇倾尽所有。小乔布斯 5 岁时，为了送儿子学游泳，克拉拉不得不给人做保姆。保罗有一双巧手，他花了许多时间，教小乔布斯如何制作一些东西，把它们拆解，然后重新组装起来。

很多时候，小乔布斯一到邻居家，就在人家的摄像机前做鬼脸，非常调皮。甚至有一次，他还试着喝了一罐杀虫水，差点把自己弄死……总之，他一度成了医院急救室里的常客。

到了上学的年龄，小乔布斯依然显得很叛逆。他上课从不听讲，也不完成老师布置的家庭作业，他还在课堂上顶撞老师。

而且，小乔布斯患有阅读障碍症，在学校里始终与老师相处不好，常常干出往老师办公室扔爆竹或是带蛇到教室去之类的事情。

有一次，老师问班上同学："你最不了解的问题是什么？"

只见小乔布斯举手答道："我搞不懂为什么我们家一下子就变得穷了！"

因为常常和老师唱反调，小乔布斯总是被赶出教室。大家经常看到，在上课的时间，教室外面却游荡着这个从来不向学校里任何"权势"屈服的小男孩，但他一直保持着这种性格。

不过，幸运的小乔布斯遇到了一位老师，对他影响深刻，甚至影响了他的一生，这个人就是希尔太太。

当时希尔太太在了解了乔布斯的情况后，就和乔布斯达成了一个匪夷所思的协议。她对乔布斯说："如果你能完成这些作业，你就能得到5美分。"

在老师的激励下，乔布斯充分发挥了他超强的学习能力，那一年，他比以往学到了更多的知识。

在同龄人当中，小乔布斯因为早熟显得与他人有些格格不入，他的老师对他的评价是："有点不合群，他看事物的方式与众不同。"

他的一位同学描述他说："史蒂夫·乔布斯是一个孤单的、相当爱哭的男孩。我们曾经参加过一支游泳队，如果比赛失败了，他就会跑到一边哭泣，他和别的同学很难协调。"

小乔布斯不但叛逆，而且非常敏感。1962年爆发的古巴导弹危机以及1963年肯尼迪总统遇刺等事件，让这个顽劣的孩子懵懵懂懂地感受到，周围的世界正在发生巨变，他因此倍感威胁。有一段时间，他经常害怕得晚上睡不着，开始感到恐慌，害怕自己睡一觉就再也醒不过来。

这时，小乔布斯开始将注意力转向音乐与科技，他极度崇拜鲍勃·迪伦，能背出迪伦写的所有歌词；他欣赏迪伦勇于突破自己，并不畏外界评论的作风。他说："他从不保守，真正伟大的艺术家都该如此，敢于不断否定失败。"

而且小乔布斯还在自己的日记本上写下这样一段话：

　　你的时间有限，所以不要为别人而活。不要被教条所限，不要活在别人的观念里。不要让别人的意见左右自己内心的声音。

　　最重要的是，勇敢地去追随自己的心灵和直觉，只有自己的心灵和直觉才知道你自己的真实想法，其他一切都是次要的。

　　受到这种离经叛道精神的影响，小乔布斯马上对学校里程式化的教学方式不屑一顾，与学校老师的关系也越来越不和谐。

　　小乔布斯虽然比较孤僻，但是这并不影响他的聪明。

　　10 岁的时候，乔布斯就对电子产品产生了浓厚的兴趣。为了弄清一些电子产品的工作原理，他经常拆卸一些小型的电子产品。有时他还会缠着那些电子公司的工程师，问一些很"专业"的问题。

　　很多工程师也都很喜欢这个聪明好学的小男孩，也经常会送给他一些电子产品。

　　一次，一位工程师从公司给小乔布斯带回了一个麦克风，小乔布斯对这个会发声的电子产品非常感兴趣，而这无疑又为他的"研发"提供了更多的条件。

　　乔布斯的童年经历，对他独特人格的塑造起着至关重要的作用。

# 痴迷于电子产品

小乔布斯的种种叛逆行为，养父、养母看在眼里，急在心上。为了信守与乔安妮的约定，老乔布斯夫妇决定为养子搬家、换学校。他们从山景城搬到洛斯阿图斯，小乔布斯就读当地的霍姆斯特德高中。

与众不同的人拥有使自己脱颖而出的东西。青少年时期的乔布斯就已经具有脱颖而出的潜质了。在乔布斯很小的时候，他就对电子产品，尤其是对电脑情有独钟。

当时，乔布斯跟随养父母生活在著名的硅谷附近，而邻居也都是硅谷元老——惠普公司的职员。在这些人的影响下，乔布斯从小就很迷恋电子学。

早在乔布斯 10 岁的时候，他就经常拆卸一些小型的电子产品，虽然在"倒腾"这些电子产品的时候，可能会被电到，甚至会受伤，但小乔布斯依然兴致不减。

所以，乔布斯在很小的时候，就弄懂了不少电子产品的工作原理，甚至像电视机之类的复杂产品对他来说也不再高深莫测。用乔布斯自己的话来说：

> 对我来说，这些东西已经不再神秘，我更加清楚地认识到，它们都是人类创造力产生的结果，而不是一些不可思议的东西。

一个惠普的工程师看他对电子产品如此痴迷，就推荐他参加了惠普公司的"发现者俱乐部"。这是个专门为年轻工程师举办的聚会，每周星期二晚上在公司的餐厅里举行。

就在一次聚会中，乔布斯第一次见到了电脑，他一眼就爱上了这个家伙，并开始对计算机有了一些朦胧的认识。

11 岁的时候，在乔布斯的不断折腾下，养父无奈地与养母商量，最后决定，举家搬到了加利福尼亚州的帕洛奥多市，这是个电子新兴城市，建立了很多著名的电子公司，也有不少顶级的电子工程师。

乔布斯非常喜欢这座城市，这不仅让他着迷，更让他感到兴奋。因为这里随处都可以看到被电子公司丢弃的电子组件，而乔布斯总是可以在路边的垃圾场里找到一些电子组件。每次发现了"新东西"，他就会彻夜待在家里的车库中仔细研究这些电子产品的电路板。

乔布斯在中学时代，他还不善于交际，又因为他曾经跳过一级，比同级的同学都要小一岁。完全可以想象，当时这样一个不爱说话，对运动不感兴趣的小男孩，肯定无法和其他同学建立深厚的感情，更别说交朋友了。

因此对乔布斯而言，最好的朋友莫过于电脑了。当一般的小孩都在做游戏的时候，乔布斯总是一个人连续好几个小时待在养父保罗的车库里探索电脑的奥秘，而这给他带来了无穷的乐趣和前所未有的成就感。他在自己的世界里感受着与同龄人不同的快乐。

因为被这些废弃的电子器件深深吸引，乔布斯在学校里显得更加孤僻和郁郁寡欢。可是，这并没有改变乔布斯的性格，他依然痴迷于电子产品，独自沉醉在电子产品的世界里。

乔布斯 16 岁进入新学校，一个学期后，结识了比尔·费尔南德斯，他和乔布斯一样，也是一个电子迷。除了拥有共同的爱好，两个小男孩的性格也惊人的相似——个性鲜明、特立独行，从来不会为了得到什么而去讨好任何人。因此在学校里，费尔南德斯也是不讨人喜欢的学生。就这样，两个人成了亲密无间的好朋友。

他们经常利用放学后的时间，到学校周围捡别人丢弃的电子组件，然后找个废弃的车库，在那里专心研究怎样把这些电子组件组装成电子产品。当他们遇到困难的时候，就会找人来帮忙。

一次，乔布斯要设计一个机械装置，他把精力全都放在了设计频率计数器上。可是在制作过程中，乔布斯遇到了一些技术难题。于是，他抓起电话簿，直接拨通了比尔·休利特的电话。

比尔·休利特当时是惠普的总裁。乔布斯只是在与惠普的职工们认识的时候知道了他的电话并写在了电话簿上，人们并且告诉乔布斯："他是个好人。"

接到乔布斯的电话后，休利特并没有拒绝好学的乔布斯，他耐心回答了乔布斯的所有难题，他们一直聊了20多分钟，乔布斯向他咨询了计算机的专业知识，休利特都一一作答，并且邀请他夏天的时候到惠普实习。

由此，更加促使了乔布斯对电子学的喜爱。

乔布斯的童年生活从来没有离开过电子，他对电脑的喜爱和执着，对他人生发展的道路有着必然的影响。"成功是串起来的生命中的点点滴滴。"

如果乔布斯在童年的时候和其他小孩子一样，无忧无虑，天真快乐，他也许就不会有时间和心思将精力放在研究电子产品上。

如果不是他儿时形成的叛逆、反传统的个性，他也许就不会经常躲在车库里与电脑为伴。

如果乔布斯不是电子迷，他也不会和费尔南德斯成为亲密无间的朋友；而如果不认识费尔南德斯，他就没有机会结识一个叫沃兹涅克的技术天才。

总之，如果没有这些"如果"，乔布斯也不会拥有如此之多的成功因素。

# 首次研发蓝匣子

　　早在乔布斯 16 岁的时候，他就与费尔南德斯成了志同道合的好朋友，凑巧的是费尔南德斯家对面住的就是沃兹涅克一家。

　　杰里·沃兹涅克是一名技术工程师，当费尔南德斯遇到电子学的技术难题时，他常常就会跑到沃兹涅克的家里请教。就这样，一来二往杰里成了费尔南德斯的指导老师。

　　和乔布斯一样，杰里的儿子斯蒂芬·沃兹涅克对电子产品也有天生的兴趣，在很小的时候就喜欢电子产品，甚至可以毫不夸张地说，沃兹涅克对电子产品的痴迷程度和专业程度绝对在乔布斯和费尔南德斯之上。沃兹涅克比乔布斯大 5 岁，但当时他已经是远近闻名的电子学小专家。

　　也许沃兹涅克和乔布斯天生就要成为好朋友，两个人的性格非常相似，同样孤僻，同样对老师说的话不屑一顾，同样喜欢搞恶作剧，同样是学校里调皮捣蛋的高手，最重要的是同样喜欢电子产品。

　　即便沃兹涅克爱搞恶作剧，学习成绩也不怎么样，喜欢由着性子做事，但这并不影响他成为一名优秀的程序设计员。

　　因为对电子产品同样痴迷，所以每当费尔南德斯来到家里向父亲请教问题的时候，沃兹涅克也会加入到讨论之中，并提出解决方案。就这样，沃兹涅克和费尔南德斯就渐渐熟识起来，而且沃兹涅克也成了费尔南德斯崇拜的偶像。

　　就在费尔南德斯与沃兹涅克兴致勃勃地研发他们的电子装置的时候，乔布斯已经是霍姆斯特德高中的一名学生了，而这所学校也是沃兹涅克当年上学的地方。

　　乔布斯虽然没有见过沃兹涅克，但他在学校里早已知道了沃兹涅克的鼎鼎大名。因为在乔布斯和费尔南德斯学习的电子学课程中，任课老师总是不断向他们提及沃兹涅克，说他是最优秀的学生，几乎获得过所有学科比赛中的奖项。

老师的夸奖让一直为自己电子学知识自豪的乔布斯感到很不服气，他想见见别人眼中的"天才"人物到底是什么样子。

于是，有一天费尔南德斯将乔布斯带到了他们工作的车库。在这里，乔布斯第一次见到了沃兹涅克。在观看完沃兹涅克研发的装置后，乔布斯兴奋异常，他简直惊呆了，以前他总是觉得自己在电子学方面的知识是无人可比的，可是，当他见到沃兹涅克的时候，他的想法改变了。

乔布斯这时不得不承认，在电子学方面，沃兹涅克是自己遇到的第一个水平比他高的人。对于乔布斯这样一个自信到都有些自负的天才来说，要他如此评价一个人是非常难得的。

但是相较于乔布斯的异常兴奋，沃兹涅克却多少显得有些"冷淡"，因为在他看来，乔布斯只不过是一个对各种电子器件感兴趣而在实际操作方面一无所知的小男孩。不过在后来的接触中，两个人因为性格的相似和共同的爱好，逐渐成了很好的朋友。他们经常在一起滔滔不绝地讨论感兴趣的话题，甚至一起搞恶作剧。

在惶恐而孤独的中学时代，乔布斯在沃兹涅克的陪伴下不断成长，更使得乔布斯将对电脑的喜爱上升为制造电脑作为其毕生事业的理想。

1971 年 10 月，16 岁的乔布斯偶然在杂志上看到了一个关于"蓝匣子"的报道。报道中称这个名为"蓝匣子"的设备，可以盗取电话线路，使拥有"蓝匣子"的用户可以免费拨打电话。因为这套装置外观是一个蓝色的匣子，所以被称为"蓝匣子"。

出于好奇，乔布斯将这则消息拿给了沃兹涅克，沃兹涅克看完后，用肯定的语气告诉乔布斯："我同样可以制造这种设备，甚至做得更好。"

既然说出了"豪言壮语"，两个人很快就不约而同地开始了"蓝匣子"的设计。尽管在设计"蓝匣子"的过程中困难重重，但他们没有泄气。

没有材料，他们就四处找低价的替代品，虽然遭遇了无数次的困难和失败，但他们都是不会轻易放弃的人。经过努力，他们竟然也设计出了一套可以免费盗打电话的设备。

并且，沃兹涅克设计的这套设备比之前的"蓝匣子"更为先进。其最大的优点就是，它不需要开关，当有人拨打电话时，这个装置就会自动启动。

成功后，乔布斯得意地说："我们简直入迷了，一个小小的匣子就能把电话打到世界各地。"

此时，爱搞恶作剧的沃兹涅克和乔布斯仍然没有改变这个爱好。沃兹涅克曾经使用"蓝匣子"给罗马教廷所在地梵蒂冈打电话，声称自己是美国国务卿。为了增加可信度，沃兹涅克打电话的时候还特别模仿了国务卿的德国口音。他要求和当时的罗马教皇通话。当被告知罗马教皇正在睡觉时，沃兹涅克假装生气地挂了电话。

在满足了好胜心后，具有商业天赋的乔布斯从中发现了巨大的商机，开始到处兜售他们的"蓝匣子"。

刚开始，乔布斯把"蓝匣子"的价格只定在40美元，但是看到"蓝匣子"销售紧俏后，他把价格提升至150美元。尽管这样昂贵，人们的购买热情依旧不减。

很有经商头脑的乔布斯每卖出一个"蓝匣子"，都要附送一张卡片，卡片上写着一句"全世界掌握在你手中"。而这张卡片不仅成为了"蓝匣子"的宣传广告，也成了"蓝匣子"的保修卡。

但是，随着盗打电话的人越来越多，电话公司采取了严厉措施来清查这些盗打电话和贩卖这种设备的人。于是乔布斯在经历几次险些被警察抓住的危险后，决定关门大吉。

这时乔布斯已经卖出了 200 个"蓝匣子"，这段经历不仅为他带来了一笔不小的收益，更为他后来创业打下了一定的基础。

这时，乔布斯认识到了知识的重要，他的学习也大有进展，并且，他开始花费精力专门研究艺术和文学，认真研读莎士比亚的作品。

# 创立苹果公司

1975 年 1 月，在《大众电子学》杂志封面上刊登了一则惊动世人的消息：世界上第一台个人计算机 Altair 诞生了！

在介绍个人计算机的文章中，该杂志还用煽动性的文字写道："这标志着人们一直争论的'个人'计算机诞生了。"

这一消息一经传出，立即在热爱电子学的群体中掀起了一股研究热潮，这其中就包括沃兹涅克。乔布斯觉得这是个大好机会，便同沃兹涅克一起加入了业余计算机用户小组。

该小组是由热爱电子学的发烧友组成的，他们有着一个共同的梦想，就是组建自己的计算机。在小组的聚会里，他们互相交流自己的想法，并向组员们展示自己的最新研究成果。

当时大多数的小组组员都将自己的精力集中在价值 178 美元的 Intel 8080 芯片上，它是微仪系统 Altair 8800 的核心部件。

沃兹涅克觉得 Intel 微处理器虽然给人的印象深刻，但是价格对于他这样的穷小子来说过于昂贵了，他没有过多的钱去购买 Intel 微处理器。因此，沃兹涅克开始寻找价格不高的替代品。

在一次展示会上，沃兹涅克发现 MOS Technology 6502 芯片可以代替 Intel 微处理器，而这种芯片只售 20 美元。于是，沃兹涅克便开始研究如何让 MOS Technology 6502 芯片代替 Intel 微处理器的工作。最终，沃兹涅克编写了一个 BASIC 编译程序，以便让 6502 芯片正常运作。紧接着，沃兹涅克开始基于 6502 芯片设计计算机。

1976 年 3 月 1 日，沃兹涅克将自己设计的计算机基本方案在业余计算机用户小组的聚会上首次展示。

这个令人耳目一新的设计第一次展出，乔布斯就立即意识到沃兹涅克设计的计算机具有赚钱的潜力，于是，乔布斯便极力游说沃兹涅克生产印刷电路板并将电路板作为产品销售。

沃兹涅克说："你没有设计一个电路、设计一个方案或编写一段代码，但是你却从来不曾放弃销售计算机的念头。"

乔布斯嘿嘿一笑说："是的，在设计这方面我确实不如你，但你相信我，我们先大量宣传并销售一些产品。"

虽然乔布斯野心很大，但沃兹涅克却同他不是一个心思。那时的沃兹涅克每年能从惠普公司的计算器部门领到 24000 美元的薪水，这对他来讲，已经足以让他过得舒适，他不想放弃这样安逸的生活去争取没有定数的个人计算机市场。

尽管乔布斯极力地说服沃兹涅克一起开办计算机公司，但沃兹涅克却没有答应。但是，沃兹涅克希望通过惠普公司将自己的发明发扬光大。于是努力说服惠普公司考虑制造微型计算机。

但是沃兹涅克最终失望了，惠普公司当时对制造微型计算机并不感兴趣。

遭到挫折后，沃兹涅克又通过乔布斯找上了阿塔里公司。在制造好以该电路板为基础的 Apple I 后，他们向阿塔里公司的奥尔康展示了该产品。就在这时，阿塔里公司推出了首款 Home Pong 游戏，该游戏是如此之大，以至于他们都忙不过来。奥尔康他们认为，Apple I 是好东西，但是他们有其他大量的事情要做。

在被两个雇主拒绝后，乔布斯终于说服了沃兹涅克与他一起开办计算机公司。由于不知道公司能否运营成功，所以他们两人都没有辞去原来的工作。

开办计算机公司，最大的问题就是资金。为了筹集创业资金，乔布斯以 1500 美元的价格卖掉了他的大众汽车，而沃兹涅克则以 250 美元卖掉了自己心爱的惠普 65 可编程计算器。

为了节省资金，他们还把乔布斯家的车库作为公司的办公室。于是，"苹果电脑公司"就从一个杂乱的车库中诞生了。

当时这个苹果公司的名称也是乔布斯起的。

当时，乔布斯和沃兹涅克正沿着 85 号高速公路驱车行驶，乔布斯突然兴奋地嚷道："我想到了一个很棒的名字，就叫它'苹果电脑公司'。"

乔布斯说完后，沃兹涅克立即就想到了英国那个著名的甲壳虫唱片公司也叫"苹果公司"，这让沃兹涅克十分担心，因为他们可能会遇到版权方面的麻烦。

于是，他们俩都试着从技术方面考虑单词的组合，如 Executek 和 Matrix Electronics，但是试了 10 多分钟后，我们都认为找不到比"苹果电脑公司"更好的名字。

正如沃兹涅克所预料的那样，因为这个公司名称，他们遇到了一些麻烦。英国苹果公司创建于 1968 年，他们不希望任何人侵犯其徽标。1981 年 11 月，英国苹果公司与苹果电脑公司达成秘密协议，对徽标的使用做了一些限制，并注册了各自的徽标。苹果电脑公司向英国公司支付 80000 美元，获得在世界范围内计算机产品上使用"苹果"名称的授权，但是英国苹果公司保留在音乐领域使用"苹果"的权利。

这也就是说，苹果电脑公司在音乐领域不具备使用"苹果"的权利。

名称商量好了，一切准备工作也都基本上做好了，接下来就是招聘雇员了。乔布斯很快就说服了在阿塔里公司与他共事的罗纳德·杰拉尔德·韦恩，一起参加这个苹果电脑公司。

当时已经 41 岁的韦恩是阿塔里公司的首席设计师，虽然他在年龄上比乔布斯大了 20 岁，但他们却是很好的朋友，他们经常深入探讨赚钱的道德问题。

当然，韦恩加入这样一个不起眼的小公司也是有条件的。乔布斯给了他 10% 的公司股份。至于其他股份就由乔布斯和沃兹涅克两人平分。

就这样，他们三个人于 1976 年 4 月 1 日，即愚人节那天，正式起草了"苹果电脑公司"的合作伙伴协议，"苹果电脑公司"正式成立。

因为他们三个人白天都有工作，所以他们的创业只能放在下班后。即使条件艰苦，而且时间也不宽裕，他们还是尽快生产出了第一批印刷电路板。

电路板生产好后，乔布斯就开始寻找客户。在业余计算机用户小组的聚会中，乔布斯的激情演说引起了一个人极大的兴趣。这个人就是保罗·特雷尔。

特雷尔当时经营着一家计算机零售连锁店。就在聚会后的第二天，乔布斯就来到了特雷尔的店里，极其热切地向他推销自家公司生产的电路板。

特雷尔对乔布斯说："如果你们能装配出 Apple I 的机型，我要买 50 台，每台价格 500 美元，货到后我会立即支付现金。"

乔布斯对于 25000 美元的订单兴奋异常，但还是不放心地问："有其他条件吗？"

特雷尔微笑着答道："就只有一个条件，那就是要完全装配好的计算机。"

拿到订单的乔布斯十分高兴，沃兹涅克和韦恩就没有乔布斯那么乐观了。他们的本意是只生产每个 25 美元的裸电路板，并以 50 美元的价格卖给计算机爱好者，让这些爱好者自己去装配计算机，可是乔布斯却想自己装配好计算机出售。这样固然利润要多很多，但同时面临的问题也就相应增加了，最起码资金方面他们就搞不到。

乔布斯也知道他们在资金方面有很大的问题，但是他有信心可以用贷款方式购买装配计算机的零件。

带着特雷尔的订单，他几乎跑遍了整个硅谷，最终找上了大型电子零件分销商。当乔布斯说他拿到了特雷尔的订单时，对方并不相信："过几天我会和特雷尔通电话，以证明这个订单的真实性，然后再考虑为你贷款的事情。"

一般人听到这样敷衍的话就知道没希望了，但是乔布斯却不这样认为，他坚持说："不用过几天，您现在就向特雷尔确定订单的真实性。"

最终，乔布斯得到了5000美元的贷款。不过对方提出了贷款条件：30天内必须偿还贷款。这就意味着，苹果电脑公司必须在30天之内，装配好所有为特雷尔提供的50台计算机，然后利用特雷尔支付的现金付清贷款。

信心百倍的乔布斯毫不犹豫地答应了贷款条件。

韦恩得知了这个贷款条件后，大惊失色。他十分担心苹果公司会因此陷入债务危机，于是便决定退出苹果公司。于是，在公司成立不到两周时，韦恩获得了一次性800美元的现金后，放弃了10%的股票。

遭受到韦恩的"背叛"后，乔布斯心中更加坚定了自己一定要成功的决心。他让自己的妹妹佩蒂和里德学院的好友丹尼尔·科特肯帮助自己通过手工大量组装需要的计算机，以便赶在零部件的应付款到期之前完成。

通过夜以继日的努力，他们终于按时完成了特雷尔的订单。

但是，当乔布斯带着他组装好的计算机来到特雷尔的商店时，特雷尔看着那些装满元件的主板显得十分惊讶。因为特雷尔所说的"装配好的计算机"意思是指完成所有组装的工作，包括机箱、电源、显示器和键盘，但乔布斯提交的货物却远远没有达到这个标准。

尽管如此，特雷尔还是按照约定支付了现金。这样一来，苹果公司就可以按时付清零件供应商的贷款。

除了付清所有贷款外，苹果公司在这笔交易中大概还赚了8000美元，这让乔布斯兴奋不已，也让他更加肯定自己的做法是对的，同时也增加了沃兹涅克的信心。

本来沃兹涅克一直觉得乔布斯把价格定得太高了。最初乔布斯把价格定在777美元一台，在沃兹涅克的坚持下，他将价格调到了666美元一台，这个价格是制造成本的两倍，并允许经销商以500美元一台进行批发。这个价格还是在乔布斯和沃兹涅克两人互相妥协之后才确定的。

沃兹涅克一直觉得自己用几天时间发明出来的东西不可能值那么

多钱，但通过这一次的交易，沃兹涅克突然明白，原来自己的这种爱好是可以挣钱的。

这让沃兹涅克万分惊讶，他评价说："这次交易是最出乎意料的一次生意。"

从这次交易中尝到甜头后，苹果公司又生产了大约 150 台计算机。随着个人计算机在生活中普及，乔布斯越来越觉得苹果公司的发展潜力是不可估量的。

乔布斯下定决心：让世界改变你，还是你改变世界？一般的人心随境转，被他人左右，被世界改变；有作为的人境随心转，改变世界，我就要做那样的人。

这时候，摆在乔布斯面前的问题是：如何让苹果公司给人留下更深刻的印象，如何让苹果公司发展壮大！

# 确定公司徽标

"苹果公司"刚成立时，乔布斯就考虑到了徽标这个问题。最初苹果公司采用的是韦恩设计的徽标——牛顿靠着苹果树学习，并在边缘部分环绕着威廉姆·沃尔兹沃斯的诗词。

随着计算机的销售，乔布斯越来越觉得韦恩设计的徽标过于理性和复杂了，很难让人一眼记住，应该换个醒目的徽标！

在考虑换个什么样的徽标的同时，乔布斯也留意到市场上的 Apple I 销量并不是特别喜人。如果要抢占个人计算机市场还是要靠更为先进的个人计算机产品。所以他便把自己的想法告诉了沃兹涅克，他相信这个朋友一定能够设计出最优秀的计算机产品。

他们把在 Apple I 基础上改造的个人计算机称作 Apple II。因为 Apple I 让乔布斯十分看好个人计算机这个市场，所以他便从阿塔里公司辞职，专门照顾自己的苹果公司。

在乔布斯的坚持下，后来沃兹涅克也从惠普公司辞职，将全部精力都放在了开发 Apple II 上。

就在沃兹涅克努力改进计算机的时候，乔布斯也在四处寻找可以为苹果公司电脑设计徽标的能人。

经过一段时间的观察和研究后，乔布斯发现英特尔电脑的广告设计十分有技巧。英特尔在宣传产品时从来都不是直接针对产品本身作宣传，而是靠计算机的替代形象，比如扑克牌、汉堡包等，来让人们记住英特尔的品牌。

英特尔这种独特的宣传方式吸引了一大批热衷购买英特尔电脑的消费者，这让乔布斯羡慕不已。

乔布斯不光是羡慕，而是设法得到这种风格。他很快就了解到为英特尔设计广告的是麦金纳公司，便立刻就将电话打了过去。他在电话中直接表明了自己的目的——希望麦金纳可以为苹果公司设计一个特别的徽标和适合苹果公司计算机的广告。此外，乔布斯还简单地向麦金纳介绍了自己公司的一些情况。

麦金纳在听完乔布斯的介绍后，就把这项工作交给了负责新客户业务的伯奇。

于是，乔布斯立即索取了伯奇的联系方式。但当乔布斯打电话给伯奇时，伯奇却对苹果公司的广告业务丝毫不感兴趣，他直截了当地在电话中拒绝了乔布斯。

但乔布斯却是个从来就不知道"放弃"两个字是怎样写的人。在接下来的日子里，乔布斯每天都打电话给伯奇，希望他能够接受苹果公司的业务。

不堪其扰的伯奇对乔布斯的这种"执着"感到非常恼火。可即使他对乔布斯发火，乔布斯还是会照样打电话来。

这一天，无法忍受电话"问候"的伯奇驾车去了苹果公司所在的车库。伯奇在开车去苹果公司路上的时候，一直在想："这个疯子究竟想做什么？我到他的公司待上两分钟，敷衍他之后，就会起身走人。像他那样的小公司，根本不会为麦金纳带来任何的利润。"

去的路上，伯奇是这样想的，但是在去过之后，伯奇却改变了自己的主意。这并不是因为苹果公司的设备或环境让伯奇改变了主意，而是因为通过与乔布斯的交谈，伯奇发现乔布斯不但不是个疯子，反而是个十分精明的小伙子。

至于苹果公司所在的车库，当然完全没有给伯奇什么好感。事实上，伯奇十分看不惯乔布斯在那样的环境下创办苹果公司。当他走进车库时，迎面而来的就是机器散发出来的刺鼻气味。放眼望去，地板上都是一些杂物和脏衣服。

面对这样的环境，差点让伯奇不等见到乔布斯就扭头走人。

幸好乔布斯及时迎了出来，热情地邀请伯奇进去与他聊一会儿。

短短几分钟的交谈，伯奇就被乔布斯深深地吸引住了，之前对乔布斯的所有不满全部消失不见了，甚至还给予了他极高的评价。他觉得乔布斯是一个精明得让人难以置信的小伙子。同时，伯奇也被他所说的 Apple Ⅱ 深深吸引了，伯奇甚至说："我相信 Apple Ⅱ 会成为引发个人计算机革命的机种。"

虽然伯奇对乔布斯本人给予了很高的评价，而且十分看好 Apple Ⅱ 的前景，但是他依然没有答应乔布斯帮助苹果公司设计徽标。这不仅仅是因为他担心乔布斯付不出高额的设计费用，更重要的是他只是个业务员，在设计徽标方面没有什么过人的才艺。

在知道伯奇拒绝的原因后，乔布斯还是没有放弃让麦金纳公司为苹果公司设计徽标的念头。这次，他不再联系麦金纳公司的员工，而是直接打电话给麦金纳，而且比给伯奇打电话的次数还要多，基本上他每天都要打三四个电话给麦金纳。

乔布斯的固执让麦金纳的秘书终于受不了了，最终只好破例让麦金纳接了乔布斯的电话。

麦金纳在电话中听到了乔布斯的"疯狂演讲"，不知麦金纳是被乔布斯说动了，还是实在受不了乔布斯的"疯狂"举动，反正最后麦金纳答应了为苹果公司设计徽标和广告的请求。

1977 年年初，在麦金纳的授意下，麦金纳公司的会计主管比尔·凯莱和艺术总监罗布·雅诺夫开始着手设计苹果公司的徽标。

最初，他们采用的是黑白两色的苹果轮廓，但是总感觉少了点什么东西。最后在雅诺夫的提议下，他们将苹果轮廓从边上去了一块。

雅诺夫这样解释他的建议："我想简化苹果的形状，从外侧咬上一口，就一点，好吗？这样可以防止苹果看上去像樱桃或者西红柿，而且苹果外侧咬的那一块还可以嵌入小写的公司名称。"

乔布斯对这个徽标的形状十分满意，唯独在徽标的用色上，他坚持要用彩色。所以最终雅诺夫添加了六色水平的横条，以便彰显 Apple Ⅱ 计算机出色的彩色处理能力。

尽管用黑色细线分隔绿、黄、橙、红、紫和蓝色横条可以减少复制时的注册问题，但是乔布斯还是拒绝了这个提议。

经过一番周折，苹果公司的徽标终于产生了，虽然这个徽标花费了苹果公司大量的资金，但是这个徽标对苹果公司来说绝对物超所值。

这个神秘的徽标，是活力和知识的象征，被咬掉一口，彩色横条颜色的顺序与彩虹的顺序不同。这个徽标再恰当不过了，它集活力、知识、希望和无拘无束于一身。

除了这个徽标之外，麦金纳公司作为专业的广告公司，还为苹果公司在哪里投放广告提出了极好的建议。

麦金纳公司知道依照乔布斯的性格，肯定不会满足苹果公司电脑只在一些计算机发烧友中流传，他要做就要做到让世人皆知。因此麦金纳公司特意建议乔布斯在《花花公子》杂志上刊登广告。

之所以选择《花花公子》杂志，麦金纳公司也是经过周密的考虑后才决定的：一来是因为该杂志的读者很多；二来是因为读这本杂志的多为男性，而一般购买个人计算机的都是男性。

在《花花公子》杂志上刊登广告，固然会让苹果公司电脑进入众多计算机用户的眼界，再加上苹果公司电脑令人难以遗忘的徽标，必然会引起消费大众的注意，继而引起消费热潮。但是乔布斯还有一个重大问题没有解决，那就是投放广告的资金。

20世纪70年代，《花花公子》杂志更是创下了不可超越的销售奇迹，1972年11月版的《花花公子》创下销售超过700万册的纪录。

乔布斯打算在《花花公子》杂志上投放广告时，正是该杂志销售量最为喜人的时候，因此其广告费会有多昂贵就可想而知了。

# 获得马库拉投资

当公司发展到一定阶段时，想要扩大规模，往往会遇到资金紧缺的问题，乔布斯的苹果公司也不例外。

凭借着 Apple I 销售所得的利润，根本就不足以在《花花公子》上刊登广告。乔布斯决定寻找投资人。经过不断的努力，乔布斯终于找到了那个能够帮助苹果公司发展的贵人。

当时，除了在《花花公子》杂志上刊登广告要花费大量资金，就单是 Apple II 的制造成本，也不是他们能支付得起的。与 Apple I 制造成本低廉不一样，Apple II 每台的成本都至少需要几百美元。

这些问题都压在乔布斯身上，沃兹涅克只顾着研究技术上的问题，从来都不知道他们已经遇到了资金问题。乔布斯知道，在资金方面沃兹涅克是帮不上任何忙的，一切只能靠自己，而自己根本拿不出那么多钱。

当乔布斯正在为怎样才能筹集到更多资金发愁时，沃兹涅克还反问他说："我们没有钱吗？"

这时候，筹集资金的事只能让乔布斯想办法了。苦于没有资金，乔布斯甚至还产生过把公司卖掉的想法。

有一天，乔布斯听说计算器制造商渴望进入新兴的计算机市场后，他立刻邀请几位代表来到自己的"车库公司"。

那几位代表来到苹果公司，观看了屏幕上显示的高分辨率彩色螺旋线和当时很出色的 Apple II 电路板，产生了浓厚的兴趣。于是，乔布斯提议以 10 万美元现金出售公司，并提供一定的股票，以及给他和沃兹涅克每年 36000 美元。

乔布斯给对方出了这么高的价钱，就连亲手设计 Apple II 模型的沃兹涅克也不能认同了："史蒂夫，我认为这要求比较狠。我们只投入了一年的人工，这样的要价有些太高。"

不过，沃兹涅克还是非常高兴进行这笔交易，因为他热衷于制造计算机而不是公司。

沃兹涅克的父亲也对乔布斯的要求感到惊异，只是惊异的原因不同罢了。他觉得乔布斯是在利用自己的儿子，所以老沃兹涅克告诉乔布斯："史蒂夫，你不能胡闹。"

不管别人怎么说，乔布斯都要按照自己的主意做下去，但是最终这笔交易却没有成功。

至此，乔布斯彻底打消了出售公司的想法，继而开始到处寻找资金。

正在这时，为苹果公司设计徽标的麦金纳建议乔布斯去拜访一下他们的董事唐·瓦伦丁。同时告诉乔布斯："瓦伦丁也是阿塔里公司的投资人，或许你可以从他那里得到风险投资。"

乔布斯知道，有很多企业在发展中期都是依靠风险投资人来解决资金方面的问题的。因此当他从麦金纳那里知道了瓦伦丁的联系方式后，马上和瓦伦丁取得了联系，并邀请他到苹果公司实地考察一下。

于是，瓦伦丁便开着他的奔驰汽车来到了苹果公司。当看完沃兹涅克研发的最新一代苹果计算机，听完乔布斯为公司设定的宏伟销售计划后，瓦伦丁很直白地拒绝了他们："你们根本就不懂市场营销，对未来的市场规模也没有一个明确的概念，这样你们不会开拓更广阔的市场。"

虽然瓦伦丁拒绝了他们，但他临走时也好心地给了他们一个建议，那就是苹果公司需要一位专业的市场专家，并表示他可以为乔布斯找到风险投资基金。

尽管有了瓦伦丁的口头承诺，但乔布斯并不放心。在瓦伦丁参观过苹果公司之后，乔布斯每天都要打三四个电话给他，就像他当初对麦金纳公司所做的一样，不断地询问他是否已经为苹果公司找好了风险投资人。

最后，瓦伦丁抵挡不住乔布斯的"坚持"，终于给苹果公司引荐了一个叫麦克·马库拉的风险投资家。

当时的马库拉才 34 岁，却已经是硅谷知名的百万富翁了。他曾在南加州大学取得电气工程硕士学位，在美国休斯公司担任技术职务。

当英特尔还是一家小公司的时候，马库拉投资了英特尔。后来英特尔成功上市，马库拉也因此一夜暴富。

当乔布斯找到马库拉的时候，他刚刚从英特尔退休，过着悠闲自得的生活。马库拉被乔布斯的雄心壮志和沃兹涅克的设计能力所折服，而且他对未来个人计算机市场的发展有着精准的判断力。

马库拉长期在计算机领域工作，他知道微型处理器会给全世界的计算机带来革命性的变化，因此在看过苹果公司生产的 Apple Ⅱ 的演示后，他几乎是当即决定帮助苹果公司制订商业计划。

意识到苹果公司将会快速成长，同时也是为了能让苹果公司快速发展，马库拉将自己的 92000 美元都投在了苹果公司，另外还由他担保在美洲银行得到了 25 万美元的贷款。

融资完成后，乔布斯、沃兹涅克和马库拉三人于 1977 年 1 月 3 日正式成立苹果电脑股份公司。为了避免日后在产权上产生任何法律纠纷，他们对公司作了资产评估。最终马库拉把乔布斯和沃兹涅克的资产估价为全公司股份的 2/3，而他以自己投资的 92000 美元获得了苹果公司 1/3 的股份。

此外，他们三个人还分配了各自的职位，乔布斯担任董事长，沃兹涅克担任研发的副总裁，马库拉则出任副董事长。

在这时，苹果公司支付了原先的创始人之一罗纳德·杰拉尔德·韦恩的退股金，直至这时，韦恩才算与苹果公司彻底没有了关系。

多年之后，苹果公司在纳斯达克上市时，乔布斯在苹果公司 45% 的股份转换成了 750 万股股票，按照这种计算方法，如果韦恩当初没有坚持退股，那么他的股份就等于 160 多万股股票。这么多股份即使在上市时股价的最低点也值 1830 万美元，更别说等到苹果公司股价涨到最高价的时候了。

对于韦恩当初放弃苹果公司股份一事，很多人都表示太遗憾了。但韦恩从来就不这么认为，即使是苹果公司股价疯涨的时候，他说："我不曾感到有任何遗憾，因为就当时能获得的信息而言我作出了最好的决定。我的贡献没有这么伟大，我认为自己没有以任何方式进行欺骗。"

韦恩之所以放弃苹果公司股份，很大一部分原因是在这之前，他经历了关闭在拉斯维加斯的工程公司的感情痛苦，这让他不敢再下大的赌注。

放弃股份，韦恩一直都过着最为平淡的生活，他继续在阿塔里公司工作，直至1978年。这时他在实验室找到了一份工作。

1980年，韦恩开了一家小商店，卖邮票、硬币和其他收藏品，韦恩的集邮公司非常成功，以至于他辞去了实验室的工作。

1985年韦恩接受了一份操作开槽机械的工作。这家公司后来由开槽机械转为生产军用电子产品，这时韦恩也成了公司的首席工程师，他一直在这个职位上做到1998年10月。为了使自己充实，韦恩暂时经营网上邮票和硬币业务，但是退休后他对这项业务没有了兴趣。

搬到佛罗里达后，韦恩成了高级设计工程师顾问，这家公司生产海底电缆和连接器。在任职期间，他又获得了两项专利。

2002年年底，68岁的韦恩开始移民新西兰，他计划到新西兰做咨询顾问。

按照当时他们三个人签订的合伙协议，从法律上来讲，韦恩必须对苹果公司发生的任何债务承担无限个人责任。这恐怕是韦恩退股的最主要原因了。

韦恩退股了，马库拉却来了。马库拉不仅把大量资金投入到苹果公司中，还为苹果公司注入了优秀的管理人才。

在马库拉看来，如果苹果公司要像他制订的商业计划书所要求的那样快速成长的话，还需要经验丰富的管理层。于是他便向之前的合作者迈克尔·斯科特发出了邀请。

起初，斯科特并不乐意加入到这个还不成规模的苹果电脑公司，不过在马库拉的诱使下，他最终还是加入了苹果公司。

1997年2月，斯科特接受马库拉的邀请并受雇成为苹果公司的首任总裁，年薪为26000美元，只是他在原先公司收入的1/3。即使如此，斯科特还是尽心尽力地为苹果公司服务。

在斯科特的帮助下，苹果公司建立了早期的基础架构。在美国最初对小公司施加影响的努力之一就是发放编号的身份徽章，这些徽章大致根据每位员工受雇的日期编号。

斯科特给自己的编号是7。因为这是他的幸运数字。他为沃兹涅克的身份徽章编号是1，因为在他看来苹果公司的发展最主要的还是依靠沃兹涅克的出色设计。

乔布斯的编号是2。这样一来，乔布斯就不乐意了，因为美国公司有这样一条不成文的规定——徽章号码越低，证明其在公司的地位越高。

乔布斯匆匆地找到斯科特并请他重新考虑编号的事："明明公司是在我的全力促使下才成立的，为什么我的编号要在沃兹涅克后面？"

偏偏斯科特也是个犟脾气的人，他对乔布斯说："我自己坚持的事，别人很难改变，沃兹涅克的编号就是1。"

乔布斯在意识到自己说服不了斯科特的同时，也想到了一个更好的主意，那就是自己采用0号，至此这件事情才算平息下来。但事实上乔布斯的徽章是2号，因为美国银行的存折处理软件不允许使用编号0。

经过这次事件后，乔布斯与斯科特不和的消息就从公司里传了出来。他们两个也确实存在一些不同意见，常常在公司内部因为一点小事而吵得不可开交。

尽管乔布斯有时看不惯他，但不可否认的是，斯科特真的为初期的苹果公司作出了极大的贡献。而这一贡献也得归功于马库拉，因为是马库拉把斯科特请到苹果公司的。

# 打上自己的烙印

乔布斯虽然是苹果公司的创始人，但因为他在技术上没有任何贡献，所以他认为，自己在公司的地位多少有些尴尬。

在早期的苹果电脑公司，没有人知道乔布斯整天在做什么，员工普遍认为他在为马库拉或者斯科特工作。

苹果公司早期的软件开发专家布鲁斯这样描述乔布斯："马库拉从来不让乔布斯拥有任何权力，没有人知道乔布斯整天在做什么。他只是偶尔出现在公司，他所做的唯一的事情就是向员工发表长篇激烈的不满演讲。"

甚至有员工态度强烈地表示："如果真的是为乔布斯工作，恐怕我们大多数人都要离开苹果公司。"

当时，随着苹果公司计算机在电子行业初露锋芒，乔布斯意识到，要想抢占这个欣欣向荣的市场，必须不断研发出更为先进的个人计算机产品。

但是，因为乔布斯对计算机软件几乎一窍不通，所以开发新的个人计算机的任务自然仍旧落到了沃兹涅克的肩上。沃兹涅克决定在 Apple Ⅰ 的基础上进行操作系统的改进，并将其称之为 Apple Ⅱ。

这个时候，市场上的计算机使用的都是由比尔·盖茨和保罗·艾伦开发的 BASIC 程序设计语言，但是它的价格过于昂贵。

沃兹涅克和乔布斯决定开发自己的程序设计语言系统。

凭着努力和天赋，沃兹涅克终于设计出了一款优秀的个人计算机。而这台 Apple Ⅱ 开辟了微型计算机历史上的多项第一：第一次有塑料外壳；第一次自带电源装置而无须风扇；第一次装有英特尔动态，即随机存储器；第一次在主板上带有 48K 内存；第一次可玩彩色游戏；第一次设内置扬声器界面；第一次装上游戏控制键；第一次具有高分辨率图形功能；第一次实现中央处理器和主板共享。这台计算机实现了太多的第一次。

与市面上的其他计算机相比，Apple II 的优点还在于它的操作非常简单，即便是不懂任何计算机知识的人也能操作。它是一台真正意义上的完整计算机，拥有自己装配好的系统，包含处理器、内存、软盘驱动器、键盘、扬声器、彩色显示电路、电源等，这些全部集成在一个主机系统里，用户只需连上一台彩色显示器或者电视机就可以使用。

另外，为了让 Apple II 真正成为大众产品，沃兹涅克总是想尽一切办法来降低成本。因此 Apple II 价格比较便宜，仅为 1298 美元。

当时，乔布斯在参加完一个电脑展销会后说：

> Apple II 真正飞跃性的发展就是它变成了一台计算机成品，而不再是简单部件的组合。Apple II 是完整配置的，有自己的机箱、键盘，买回来后，你坐下来就能使用。
>
> 这真是 Apple II 的一大突破，因为它看上去像一件产品了。你也没有必要收集 Apple II 的硬件，因为它已经是一件完美的产品了。

1977 年 4 月 17 日，这台由沃兹涅克设计的 Apple II 以精致、便宜、操作简单的优势在计算机交易会上引起了轰动。这是历史性的一次飞跃。

这台计算机凭借着自身的优点，在交易会上占尽了风头。原先乔布斯和沃兹涅克参加的计算机俱乐部的主持人在看到沃兹涅克设计的磁盘驱动器后，惊讶地说："我吃惊得差点掉了裤子！这样的设计太精妙了，我们实在想不出这些家伙能设计出这样完美的产品。"

就这样，在 10 多天内，Apple II 计算机的订单就达到了 300 台。至 1977 年年底，苹果公司已卖出 4000 多台 Apple II 计算机。

随后，苹果公司又推出了 Apple II 的升级产品 Apple II Plus，将

Applesoft 和 VisiCalc 结合起来。

VisiCalc 是推出的商用程序软件，是一种电子制表软件。由于广阔的实用性，VisiCalc 很快就成了全球市场上最畅销的软件程序，销售量高达 20 多万件。

因为 VisiCalc 软件只能在 Apple Ⅱ 上运行，所以随着 VisiCalc 的成功，Apple Ⅱ 的销量也是飞速上升。装上了 VisiCalc 的 Apple Ⅱ，它的功能已经超出了家庭计算机市场的需要，成为商业圈中的必备工具。

1979 年，Apple Ⅱ 的销售量更是比 1978 年增加了 4 倍。而这一年，苹果公司计算机俨然已经成为个人计算机的代名词。至 1980 年，苹果公司的业绩超过 1 亿美元。

随后，苹果计算机抢占了个人计算机 1/3 的市场份额。因此，苹果公司这样评价 Apple Ⅱ 计算机："苹果公司通过 Apple Ⅱ 在 20 世纪 70 年代引发了个人计算机革命。"

就连业界巨头比尔·盖茨也不得不感慨："我不过是乔布斯第二，在我之前，苹果公司计算机的飞速发展给人以太深的印象。"

Apple Ⅱ 获得了巨大的成功，所有人都把 Apple Ⅱ 与沃兹涅克合为一体，认为沃兹涅克就代表着 Apple Ⅱ，如果没有沃兹涅克，就不会有 Apple Ⅱ。

争强好胜的乔布斯虽然也因为 Apple Ⅱ 的销售而成为百万富翁，但是他并不甘心就这样将荣誉拱手让人。因此在 Apple Ⅱ 的设计过程中，尽管乔布斯对计算机软件一窍不通，他还是"想方设法"地在 Apple Ⅱ 上打下了自己的烙印。

既然不懂软件，乔布斯就从硬件上入手。首先是个人计算机的外壳，他认为对客户而言，外形和功能同样重要。

因为当时的个人计算机机箱大多都是粗糙的金属外壳，因此乔布斯就说："我希望 Apple Ⅱ 可以采用专业设计的塑料机箱，要努力使 Apple Ⅱ 的每个接口都要做得巧妙，完全采用流线型设计，那样做才能让顾客觉得赏心悦目。"

此外，乔布斯还说："我建议，将 Apple Ⅱ 的风扇去掉。"

　　有人说："史蒂夫，你疯了吗？我们大家都知道计算机的电源会散发大量的热量，如果没有风扇将这些热量散发掉，计算机就会被烧坏。"

　　但乔布斯却说："不，在我看来，Apple Ⅱ计算机不需要风扇，因为风扇的噪声会打破使用者内心的宁静，让人变得心神不宁。"

　　虽然乔布斯的这一创意在别人看来是荒唐的，可是乔布斯却不以为然，他眨了眨眼睛说："喏！只要能找到一种与众不同的电源，让它尽量少散发热量，计算机里就可以不安装风扇。"

　　最终，乔布斯同另一名工程师合作，设计出了一种非常复杂的转换电源，它重量比较轻，体积也不大，而且容易冷却。

　　就这样，乔布斯最终为 Apple Ⅱ设计了塑料机箱和一种特殊的转换电源，利用这种电源，Apple Ⅱ就没有安装风扇。乔布斯成功地在 Apple Ⅱ上打下了自己的烙印。

　　但是，在常人看来，苹果公司获得的成功，完全是因为沃兹涅克，因为是沃兹涅克负责研发了 Apple Ⅱ，而这与乔布斯并无太大关系。

　　Apple Ⅱ之所以获得成功，并不是来自于乔布斯对机箱和电源的改进，而是来自沃兹涅克对计算机软件的准确把握，沃兹涅克比谁都清楚计算机程序对计算机开发和计算机用户的重要性。沃兹涅克为此付出了太多的努力。

　　Apple Ⅱ推出的系列产品中所有的程序都是采用 Applesoft 编写的。采用 Applesoft 的用户不再需要通过磁带或软件输入程序，用户只要一打开计算机，就可以自动运行相关的应用程序。

　　有一位资深的用户说："可以说，如果没有这些人性化、操作简单的软件程序，即便是拥有再优秀、再赏心悦目的外壳，Apple Ⅱ也不会成功。"

　　沃兹涅克也揶揄地说："乔布斯没有设计一个电路、一个方案或编写一段代码。"

　　DOS 发明人加里·基尔代尔也曾说："苹果公司真正的灵魂人物

是发明 Apple Ⅱ 个人计算机的沃兹涅克，他是创造这一切的技术天才。"

事实摆在眼前，然而这样的事实让渴望掌握一切、渴望成功的乔布斯心理上产生了巨大的挫败感，他感到落寞而失意。他感到了自己的失败。

乔布斯希望自己能成为像沃兹涅克一样受人尊敬的技术天才，因此他才千方百计地在 Apple Ⅱ 上打下自己的烙印，尽管在别人看来这样的"烙印"是那么的微不足道。

# 发展 “苹果”

禅学重视经验，不重视智慧。我对那些能够超越有形物质或者形而上的学说极感兴趣。

—— 乔布斯

# 考察中获得灵感

Apple Ⅱ 获得了巨大的成功，并再一次改写了个人计算机的发展历史，而苹果公司、沃兹涅克乃至乔布斯都会因此被载入史册。

尽管由于 Apple Ⅱ 在市场取得的巨大成功，为乔布斯带来了巨额的财富，但因为缺乏研发技术，他的内心一直充满了挫败感。因此他迫切希望自己能研发出一款比 Apple Ⅱ 更为先进的计算机来改变他在苹果公司的尴尬地位，从而确立自己老大的威信。

乔布斯那一向不服输的心态强烈地膨胀起来，他想向所有人证明，在苹果公司不仅仅沃兹涅克是计算机技术天才，他乔布斯也是一位不折不扣的技术天才。而研发一款更为完美的计算机产品，则是乔布斯打败沃兹涅克最有效的途径。

他的目标是研发一款性能超过以前所有计算机的产品，而这款新型计算机形象应该是人们没有见过的，甚至是连想象都想象不到的。乔布斯甚至为这款完美的计算机产品起了一个美丽的名字——丽莎。

"丽莎计划"在脑中成形之后，设计"丽莎"就成了乔布斯当时最大的梦想，而且他内心的研发欲望也日渐强烈。为了让"丽莎"一出世就可以一鸣惊人，乔布斯不惜花费 100 万美元的代价，两次来到施乐公司的帕洛奥多中心考察，以了解当时个人计算机的最新发展情况。

1970 年，施乐公司为了获得尖端信息技术，收集了很多计算机设计方面最好的想法，并将之保存在加州的帕洛奥多研究中心。研究中心研究员的使命是要创造未来的计算机，而不用考虑他们创造的计算机作为商品营销时是否可行。

虽然这家研究中心并不为公众所知，但是在硅谷的计算机业内可是大名鼎鼎，它曾被称为计算机研发圣地，是一个"乌托邦般的计算机技术王国"。

硅谷的技术天才们每当提到帕洛奥多研究中心时，都充满了敬畏。因为这里有世界上最新的计算机技术、顶级的计算机技术天才，还掌控着最新的个人计算机研发水平。

所以，当乔布斯要实现他的"丽莎"梦想时，就不得不来拜访一下这个计算机研发圣地。

但是施乐公司帕洛奥多研究中心对外界是高度保密的，因此乔布斯要到帕洛奥多研究中心考察一番是需要付出代价的。

为了能进入帕洛奥多研究中心考察，乔布斯找到了施乐公司的风险资金管理部门，并对那里的负责人说："假如你们让我们考察一下帕洛奥多研究中心，你们就可以在苹果公司投资 100 万美元。"

乔布斯开出的条件是相当诱人的，因为那时苹果公司的发展正凭着 Apple II 的成功如日中天，而且正处在第二次私募资金的阶段。对施乐公司而言，这笔交易是非常可观的，如果能够购买苹果公司上市前的股票，一旦苹果公司上市成功，施乐公司就会获得丰厚的收益。

乔布斯通过让施乐公司购买每股 10 美元，一共 10 万股的股票，获得了两次到帕洛奥多研究中心考察的机会。事实也证明，当苹果公司的股票上市后，施乐公司所掌握的股票价值达到了 1.76 亿美元。

而且，当时帕洛奥多研究中心的那些实验产品在那里已经 6 年了，它们在施乐公司很可能永远不会被投放到市场上。因此，他们同意了乔布斯的建议。

1979 年 11 月，乔布斯怀着研发新型计算机的强烈愿望，第一次来到了施乐公司的帕洛奥多研究中心。

在帕洛奥多研究中心，乔布斯和苹果公司的工程师阿金森大开眼界。施乐公司的计算机专家向他们展示了一台惊人的 Alto 计算机。其中，拉里·泰斯勒为他们演示了 Alto 的工作流程，展示了用户选择操作指令。

乔布斯蛮有兴趣地看到，Alto 计算机的用户在进行选择时不用再键入复杂的指令，而是通过一根移动的指标就能完成所需要的指令。

它可以在计算机屏幕上自由选择菜单、自由切换接口，用户可以看到可移动的重叠窗口。

除此之外，Alto 计算机内还装有文字处理系统，打印时可以显示页面内容。这部计算机最具有特色的地方是有一个网络系统——以太网，这个网可以使办公室内多台计算机共享文件和信息。

还让乔布斯惊奇的是，在计算机桌面上用手移动一个小东西，就能控制屏幕上的插入点，这个东西后来被叫作鼠标。

这是前所未有的创造，当乔布斯看到 Alto 的时候，他简直惊呆了。他在施乐公司忍不住兴奋地喊道："你们为什么不拿这个做点什么？这些东西太棒了，它将是革命性的！"

这台计算机上的很多特征后来成为个人计算机中不可或缺的东西。例如：图形用户界面，利用它可以让个人计算机用户以非文字指令输入的方式与计算机互动；点阵影像图，可以把文字和摄像合并起来；还有一个一点即成的神奇设备"鼠标"。这台计算机还具有网络连接器、简单便捷的弹出菜单、移动窗口等。

可以说，Alto 已经为现代的个人计算机构造了基本雏形，这无疑是一项革命性的伟大发明。然而实际上，这台人们闻所未闻的"伟大"设备在施乐公司的实验室中已经坐了 6 年的冷板凳。直到乔布斯的出现，才结束了。

当时施乐为防止复印机、打印机等核心业务受到冲击，并没有将更多的精力投放到计算机新技术的生产上。因此施乐公司所有人都没有看到它潜在的巨大商业价值，更没有成为这些伟大技术的最大受益者。

正如后来乔布斯在一档谈论个人计算机历史的电视节目中所说的那样："施乐公司完全可以在今天拥有整个计算机产品，完全可以比现在的规模大上 10 倍，完全可以成为 20 世纪 90 年代的 IBM，完全可以成为 20 世纪 90 年代的微软。但他们却让这么伟大的发明搁置了6 年。"

更可惜的是，施乐公司的老板不是一个"识货"的人，因此施乐公司也没能成为 20 世纪 90 年代的微软。

而乔布斯虽然没有设计天才，但他却的的确确是个"识货"的人。他知道图形用户界面、鼠标、局域网络、文件服务器和创新的软件应用程序的价值，而这些也恰恰是他想要的东西。这就是乔布斯的敏锐观察力。

乔布斯在帕洛奥多研究中心考察的过程中，他异常认真，以至于刚开始泰斯勒以为他们也是一批黑客，对计算机科学一窍不通，可是稍后，从他专注的眼神和关心产品的细微之处的所有提问中，泰斯勒知道自己错了。

乔布斯带着苹果公司的工程师们来到了帕洛奥多研究中心，泰斯勒对苹果公司这一群人也感到非常吃惊："以前也有很多人参观过帕洛奥多研究中心的展品区，包括施乐公司的计算机专家、大学教授、学生，而乔布斯他们提出的问题是我来施乐公司 7 年来所听过的最有水平的问题了。"

泰斯勒说："乔布斯他们提出的问题，不仅表明他们关心帕洛奥多研究中心展品的细枝末节，也表明了他们在计算机研究领域的专业素养。"

乔布斯抱定了如此虔诚的态度，因此在考察结束之前，苹果公司的工程师们就看懂了 Alto 的工作原理。

乔布斯很珍惜考察的机会，他相信这些创造性的研发会改变他乃至整个电脑行业的历史。就像施乐公司的研究院在分析乔布斯与其他所有造访者的不同时所说的："造访者中身价数亿美元的富豪寥寥无几，因此多数造访的人都不能回去宣布说这就是他想要的。"

回到公司后，乔布斯就下令："'丽莎'计算机的设计要向着 Alto 这个方向努力，并要在此基础上进行创新。"

毫无疑问，乔布斯拥有一种对未来洞察的能力，这可以让他一往无前。当乔布斯相信某件事会成功时，他的这种洞察能力可以让他冲破一切障碍，甚至不择手段地获取成功。

与此同时，施乐公司的泰斯勒由于得不到公司的重用，跳槽来到了苹果公司，成为苹果电脑公司的一名技术专家。后来，有超过 15 位施乐公司的计算机专家相继加入苹果公司。

这些研究员有能力也很愿意将 Alto 的技术为"丽莎"计算机所用，而他们的加入无疑让乔布斯对"丽莎"的成功更加充满了信心。

在乔布斯的带领下，苹果公司开始了"丽莎计划"的项目。他几乎将所有的心血都放在了里面，参与了每个设计决策的讨论。

# 研发 "丽莎" 计算机

乔布斯从施乐公司的帕洛奥多研究中心考察回来后，很快就开始了对"丽莎"计算机的设计工作。他希望依靠"丽莎"计算机，来实现自己在技术上超越沃兹涅克的梦想。

他相信"丽莎"计算机有了 Alto 的研发方向，有了出色的研发队伍；一定会获得比 Apple Ⅱ 更为巨大、更为辉煌的成功。

乔布斯从一开始就要求他的"丽莎计划"必须是完美的、独特的。为了追求这种近乎病态的完美，他像一个传教士一样，鼓动员工为他死心塌地地努力工作。为了鼓动员工，乔布斯总是说："我们做出来的东西意义将非常巨大，肯定会在大学校园里掀起狂潮。"

同时，疯狂叛逆的乔布斯也让每天和他一起工作的员工恼怒不已，因为他时常在转瞬之间就改变自己的决定，从而让跟他在一起工作的员工苦不堪言。

不过，在乔布斯的激励和压迫下，研发"丽莎"计算机的工作人员每天都不得不拼命地工作着。

苹果公司的市场开发人员霍金斯描述当时的情景说："我们简直快发疯了，在这里，包括乔布斯在内的每个人都在为'丽莎'计算机拼命工作着，我们所做的每件事都与计算机有关。"

虽然乔布斯对"丽莎"计算机注入了很多的心血，但实际上，"丽莎"计算机的开发并没有想象的那样顺利。不过任何困难都不能阻止乔布斯去实现自己的目标，对他而言，只要能设计出完美的"丽莎"计算机，一切的代价都是值得的，为此他变得更加疯狂。

1980 年 3 月，霍金斯完成了"丽莎计划"的营销文档，其中详细说明了图形用户界面、鼠标、局域网络、文件服务器和创新的软件应用程序，但也揭示了这个计划所面临的最大问题——成本过高以及项目的持续时间过长。

霍金斯对乔布斯解释说:"如果'丽莎'计算机要同时拥有图像用户系统、鼠标、局域网络等功能,生产'丽莎'产品的成本会很高。而且如果要设计功能如此齐全的计算机,所需要的研发时间会很长。这样苹果公司就需要消耗很多的时间和精力在'丽莎'计算机上。因此,按照 2000 美元的预算,工作人员根本无法完成包含那些功能的设计,也不能按照原进度完成任务。"

但是对乔布斯而言,这根本就不是问题,他不会去考虑成本的问题,也不在乎研发时间是否超过预期的规划,他唯一的目标就是研发出一台让他引以为骄傲的计算机。

后来,霍金斯仍不断提醒乔布斯:"史蒂夫,我还是不得不告诉你,要命的是成本问题,以前的设计方案规定机器的销售价是 2000 美元,而现在这个数字已经没有参考意义了。产品最后投放市场的价格将是 10000 美元。"

当时由于苹果公司的员工由 200 人迅速增长至 1000 多人,这让苹果公司变得臃肿而不灵活。为此,斯科特决定改组苹果公司。虽然乔布斯拼命想要完成"丽莎"计算机的设计工作,保住他在"丽莎"项目中的地位,但事与愿违,他最终还是被"请"出了"丽莎"的研发队伍。

发生这一幕的最大原因是乔布斯是一个死要面子、争强好胜而缺乏计算机研发能力的管理者。这一点在沃兹涅克负责研发 Apple II 的时候就已经显现,公司的管理层很多人认为正是乔布斯参与研发,才使 Apple II 进展缓慢。

而且很多人都反对乔布斯的领导方向,认为"丽莎"计算机不应该是 Alto 的翻版,他们竭力阻止乔布斯。为了不让历史重演,斯科特决定让乔布斯离开"丽莎"计算机研发部门,他绝不能允许乔布斯破坏了这个至关重要的项目。

当时,马库拉和斯科特将苹果公司改组为 4 个部门:一个部门是配件部;一个部门是磁盘驱动部;另一个部门叫作个人计算机系统部；还有一个专业系统管理部，该部门负责开发"丽莎"计算机。

在这次公司改组中，斯科特将乔布斯调出了"丽莎"研发部门，取而代之的是负责软件开发的副总裁约翰·库奇。为了安抚乔布斯，或者说满足他的虚荣心，董事会决定让乔布斯担任董事会的主席。

事实证明，这次苹果公司的内部改组无疑是最佳的时机。

当乔布斯听到这个决策后，他感到无法相信，更难以接受。在他看来，"丽莎"计算机是在他的手下研发的，他一定会成为那个新部门的负责人。但事实上，他不仅没有成为部门负责人，甚至失去了待在"丽莎"计算机研发部门的资格。

乔布斯非常难过，因为这不仅意味着他失去了管理"丽莎"计算机研发的权力，而且他要借助"丽莎"计算机证明自己的梦想也破灭了。

马库拉和斯科特让乔布斯担任12月份公司上市的发言人，并竭尽全力说服乔布斯接受这个新岗位。因为大家也都清楚，乔布斯天生就应该站在舞台之上，他是媒体的宠儿，同时也是善于作秀的人，所以说让他担任董事会的主席恰恰是人尽其才。

而且，斯科特说："史蒂夫，你也明白，如果你接受任命，在公司上市后，你刚刚25岁，你不仅会成为亿万富翁，而且会是一家10亿美元资产的公司的董事会主席。"

虽然斯科特的条件很诱人，但对乔布斯而言，出任苹果公司的董事会主席，就意味着他已经失去了掌控"丽莎"计算机的权力，失去了将"丽莎"计算机推向市场的机会。

乔布斯说："我已经拟订好各种概念的大纲，找到了关键人员并确定好技术方向后，斯科特，你们却决定不让我做那件事了，我很伤心，我可能再也抽不出时间做事了。"

此后，乔布斯很长时间都无法原谅斯科特在没有和他商量的情况下，就把他从领导岗位上拉下来的做法，这确实让他的感情很受伤。

让乔布斯离开"丽莎"研发部门，不仅仅因为他在技术上的缺乏，更多的是因为他叛逆、崇尚自由、疯狂的个性，而"丽莎"团队已经对这位疯狂、多疑、总是怒吼的领导者深恶痛绝。

"丽莎"计算机研发员安迪这样描述乔布斯的尴尬地位："我发现，整个'丽莎'团队都忍无可忍地叫乔布斯滚蛋！"

苹果公司甚至曾经流传着这样一个说法：成为亿万富翁的乔布斯为自己购置了一台蓝色的新车，而他只能将自己的爱车放在楼前的障碍区，因为如果乔布斯将新车停靠在大楼的侧面或者后面，"丽莎"团队对他不满的员工就会用钥匙剐伤他的新车。所以说，乔布斯最大的失败就是他太喜欢争强好胜。

就这样，乔布斯伤心地离开了"丽莎"计算机的研发部门。但不能否认，就是这样的一个脾气暴躁、浑身都是缺点的人，他却是苹果公司当之无愧的"教父"。

然而即使没有乔布斯的干预，"丽莎"计算机的进展速度依然缓慢，因为"丽莎"团队拒绝做出如同其他苹果公司计算机一样的Alto。除了要具有Alto的弹出式菜单、重叠式窗口和滚动条等所有功能之外，他们还要在此基础上进行创新。

"丽莎"计算机的研发人员设计了菜单栏的概念、下拉菜单、一个按钮的鼠标、用剪切板剪切和粘贴，以及回收站。虽然这些功能都是现代化的计算机上必备的，但在20世纪80年代初，市面上还没有哪台计算机能具有以上任何一种功能。所以，对于"丽莎"计算机的研发人员来说，他们设计的每一项功能都是革命性的。

1981年6月，当"丽莎"团队在休斯敦的全美计算机大会上看到施乐公司在Alto基础上的变体Star，以及布鲁斯·合恩研发的Finder之后，他们更加相信他们正在做正确的事情。此后他们又对操作系统作了一些根本性的修改，并实现了以拖拉并双击打开文件的目标。

1982年，"丽莎"团队首次成功地将其所有的应用程序同时运作。1982年10月10日，"丽莎"计算机首次在举行的苹果公司的年度销售会议上亮相。

对于即将上市的"丽莎"计算机，苹果公司充满了信心，他们确信"丽莎"一定会引起世界轰动。

苹果公司的员工克莉丝·斯皮诺莎说："墨西哥政府比较动荡。我们制订了一个计划，如果出现意外或采取军事管制，我们将租一艘船把所有试生产的'丽莎'计算机带到海上投入大海，这样就不会落入军队手里。"

1983 年 1 月 19 日，经过 200 人的努力工作和 5000 万美元的开发费用投入之后，苹果公司终于在戴安扎学院举行的股东年度大会期间，将"丽莎"计算机正式投放市场。

"丽莎"计算机重 48 磅，配有运行速度为 5MHz 的微处理器、两个 5.25 英寸 860K 的软盘驱动器、5MB 硬盘、可分离键盘、一个按钮的鼠标和 12 英寸 720×364 像素位图黑白显示屏。

这台计算机拥有很多突破性的功能，比如它是第一款提供图形用户界面的商用计算机，用户不必再输入文字指令，只需以点选、拖动鼠标的方式就可以传送指令。同时，"丽莎"还拥有下拉菜单、滚动条、垃圾箱、剪切板、电子表格应用程序、绘图功能等。如此看来，"丽莎"应该是一台独特、完美的计算机。

但可惜的是，"丽莎"计算机并没有得到市场的认可。

首先，"丽莎"计算机与市场上的任何计算机都不兼容，所以"丽莎"捆绑有 7 款应用程序：电子数据表格、绘图程序、图表程序、文件管理器、项目管理器、终端仿真模拟程序和文字处理器。

"丽莎"计算机带上一切需要的东西，最后的价格为 9995 美元，对于普通用户来说，几乎没有人能接受这样昂贵的价格。

其次，"丽莎"的一大缺陷是运行速度缓慢，"丽莎"计算机内部采用的处理器，根本无法胜任处理信息点的所有工作。这使得"丽莎"计算机运行速度出奇地缓慢，以至于市场上广泛流传着这样一则笑话：有一次，我听到"咚咚咚咚"的敲门声，就问："谁呀？"结果 15 秒后，对方才回应："丽莎！"

最后，"丽莎"计算机的驱动器也让苹果公司苦不堪言。乔布斯倔强地坚持内部开发，但苹果公司根本就没有人有设计驱动器的经验。当时"丽莎"项目的工程师曾请求乔布斯取消这一规定，但是乔布斯坚持认为这是在为从外部获得驱动器许可使用权找借口。因此，"丽莎"计算机的驱动器在性能上非常不稳定，严重影响了计算机的性能。

因此，在"丽莎"计算机进入市场后，它的销售情况并不让人乐观。虽然苹果公司进行了一系列降价或改进原有机型的调整，"丽莎"计算机的销售开始好转，却也难以挽救"丽莎"被淘汰的命运。

苹果公司的产品总裁吉恩·路易斯·盖斯建议说："我们必须放弃'丽莎'，因为在市场增长率慢慢下降时，我们不能提高销售收入以达到足够的利润率，所有这些都证明市场难以接受开局不利的产品。"

于是，1985 年乔布斯亲自结束了"丽莎"的生命，宣布"丽莎"计算机将停止生产。犹他州公司购买了库存中没有销售的 5000 台"丽莎"，另外还买了数千台旧的或交货时损坏的计算机。

1989 年 9 月中旬，苹果公司决定一次性将所有"丽莎"产品都处理掉，他们在武装保护下，把没有交货给公司的 2700 台"丽莎"全埋在犹他州的垃圾填埋区。至此，"丽莎"计算机彻底退出了人们的视线。

而且当时还有不少人报道，它是苹果公司从施乐公司窃取并以"丽莎"命名的产品。对此，乔布斯回应道："我们造访施乐公司只是获得了灵感，'丽莎'的成功仍是得益于'丽莎'团队出色的工作。"

对此，施乐公司的主任乔治·帕克也评论说："正如苏联人和原子弹，一旦他们知道可行就迅速地开发了出来。"

但可惜的是，"丽莎"计算机并没有原子弹那么长久的生命，因为事实证明了这样一台不合实际、连美国人都嫌贵的计算机是没有多少市场的，而"丽莎"计算机又浪费了苹果公司大量的研发经费，可以说，这是一个巨大的失败。

而最让乔布斯感到失望的是，这次他并没有改变沃兹涅克在计算机研发部门的"老大"地位，他还是那个"有财富没有技术"的"失败人物"。

尽管作为市场产品出现的"丽莎"计算机失败了，但是"丽莎"在苹果发展史上却有着重要的意义，因为苹果公司推出的"丽莎"是一台超越它所处时代的产品。

乔布斯对此表示说："我们积累了'丽莎'方面的一切技术。如果'丽莎'失败，我们还有价值5亿美元或者10亿美元的计算机公司。尽管'丽莎'计算机失败了，但是在1995年苹果公司的销售还是达到了110亿美元。"

# 最年轻的亿万富翁

1980 年，乔布斯迫于无奈，伤心地离开了他寄予自己希望和梦想的"丽莎"研发组，接受了董事会主席的任命。然而，他做梦也没有想到，短短的一周时间，他就成了美国最年轻的亿万富豪。

1976 年为了筹集生产最初的 Apple I 印刷电路板的资金，乔布斯以 1500 美元卖了自己心爱的大众车，而 5 年之后他却换来了亿万身价！

起初，乔布斯对董事会主席这个新职位并没有过多的兴奋和激动，可一夜暴富的事实让他相信，这才是他真正的开始。从一个垂头丧气、感到绝望的失落年轻人瞬间变成了一个万众瞩目、名利双收的有为青年，这样的奇迹也许只能是乔布斯的专利吧。

1980 年 12 月 12 日，苹果公司的股票在马库拉和斯科特的运作下得以顺利上市。股票上市当天，苹果公司以每股 22 美元的价格开盘，几分钟之内 460 万的公开股就被抢购一空。

苹果公司的公开上市打破了公开发行股票公司的很多纪录，苹果股票的上市是历史上公司新股上市最成功的一次，而它所融到的资金比 1956 年福特上市以后任何公司的首次公开发行都要多。

一天之内，苹果公司的股票价格上涨了将近 32%，那天的股票以 29 美元完美收盘。也就是说，就在这短短的 24 小时，苹果公司的资产从最初的 1000 美元增长至 17.78 亿美元。

而乔布斯作为苹果公司最大的股东，一夜之间就拥有了超过 2 亿美元的净资产。当正处于失落、低迷期的乔布斯得知这个消息后，他怎么也不会想到，一夜之间自己的人生会发生如此巨大的变化。

1980 年，无论对于史蒂夫·乔布斯还是他一手创造的苹果公司，都是一个历史性的转折。

除了乔布斯，苹果公司的很多人都因此获得了巨大的财富。其中投资者马库拉以 700 万股股票获得了 2.03 亿美元，这使得马库拉的投资回报率达到了让人不可思议的 55943%。

而且，就连沃兹涅克这个起初不想创建公司却酷爱电子学的人，也因为拥有 400 万股股票而赚取了 1.16 亿美元。

苹果公司一下子造就了 3 个亿万富翁，但更令人难以想象的是，苹果公司 1000 名员工中，40 多位员工在 1980 年 12 月 12 日那天成为了百万富翁，这比历史上任何上市公司创造的百万富翁都要多。

不过，并不是所有员工都有这样的好运，甚至一些帮助创建苹果公司的人也没能得到丰厚的回报。股票期权是公司给予员工以特定的执行价格购买股票的权利，但是这种权利只保留给拿年薪的员工，如工程师，而技术人员这样的小时工则没有这样的待遇。

但在沃兹涅克看来，每个为苹果公司工作的员工都应该获得股票。他说："我已经得到的比我梦想要得到的还要多很多。我认为曾参与设计和营销工作的所有人都是公司的所有者。我们中有几个将获得巨额财富，但是其他人却不能。马库拉认为这些人不应该得到，而且没有资格获得股票，只有具有正牌大学背景的管理者能得到股票期权，他们将赚很多钱。我只是想帮助其他人，因为他们同样重要。"

按理来说，乔布斯有义务给那些为苹果东拼西战、立下赫赫战功的员工们进行必要的奖赏。但是乔布斯却不这么想，他在获得巨大财富之后，却变成了一个不折不扣的"吝啬鬼"。他没有把他的股票分给任何人，甚至连一些跟随他的老员工都没有得到乔布斯哪怕是 1 美元的股份。

就连乔布斯儿时的好朋友、苹果公司第一名员工比尔·费尔南德斯也没能得到乔布斯的股票。费尔南德斯发现，很多后来进入公司的人都得到了股票，而他却一无所有，就像他所抱怨的："我感觉自己整天像蠢驴一样地工作着，无论做多久，最终仅仅还是一个技术人员。"因此费尔南德斯成为苹果公司第一名辞职的员工。

此外，苹果公司的员工丹尼尔·科特肯也"深感受伤"。他是乔布斯在里德学院最好的朋友，1976年就开始为苹果公司工作，但是他却一直拿最少的周薪。虽然工作很努力，但他始终是一个小时工。科特肯抱怨说："我埋头苦干，在实验室工作。我太天真，我只是想做好工作，最终将会得到回报，真是个大傻瓜！"

除了费尔南德斯和科特肯之外，还有很多和乔布斯一起创业的技术人员都没有得到乔布斯的股票。为此整个苹果公司怨声载道。

乔布斯的举动让一直与他并肩战斗的沃兹涅克都感觉无法接受，他来到乔布斯的办公室，对乔布斯郑重地说："史蒂夫，我要求重新调整公司股权分配的比例。"

然而，就算是沃兹涅克这样重量级的人物亲自劝说，乔布斯也没有让步，乔布斯说："不行，苹果公司还是我说了算，该怎样就怎样。"

为此，沃兹涅克作出了一个惊人的决定，他自行实施了一项"沃兹涅克计划"，私下把自己手中持股的1/3，约80000股让售给苹果公司的员工。

这一决策公布下来时，所有人都震惊了，因为按照当时创业股的价格计算，这组数字是非常庞大的，苹果公司第一年的利润也只能购买1420股创业股。而沃兹涅克一下子就向苹果的员工出售了80000股，而且还是在上市之前。

通过"沃兹涅克计划"，苹果公司大约有80名员工以非常优惠的价格购买了公司的股票，也因此产生了如此多的百万富翁。

也许很多人都觉得沃兹涅克的做法很傻，但沃兹涅克觉得自己从中获得了巨大的快乐和满足。他说："许多人都打电话感谢我让他们做了不可能做到的事情——购买房子、送子女上大学等。如果我不那样做，他们永远也支付不起那些钱，因此，我感觉我这样做很值得。"

虽然沃兹涅克用自己的财富挽留住了这些苹果公司的功臣，但事后乔布斯并没有因沃兹涅克的这一举动而感动，反而表现出了极度的不满。乔布斯甚至公开宣称："沃兹涅克将股票给了所有不该得股票的人。沃兹涅克无法拒绝他们，很多人都在利用他。"

虽然乔布斯的吝啬让很多人感到不满，但我们依然可以理解他当时的想法。因为在他看来，也许只有这样，才能让所有忽视他的人知道他才是苹果公司的真正老板，只有这样，才能显示他在苹果公司所拥有的权力。

正如一位资深网络记者说的："我不喜欢乔布斯，我曾在自己一本翻译成18国文字的书里提到他的很多缺点。现在我还是不喜欢他，不过我不得不承认他是我们这个时代的佼佼者。"

无论如何，就物质层面而言，当时乔布斯确确实实成功了。他成了资产超过2亿美元的年轻富豪，也因此成为美国依靠自己创业获得巨大财富的人之一。

年仅25岁的乔布斯在获得巨额财富的同时，虚荣心也得到了极大的满足。因为他年纪轻轻就已经成为资产上10亿美元的大公司的董事会主席，他真的像马库拉所说的，成了媒体追逐的"宠儿"。

1980年，苹果公司的上市，让乔布斯一举迈入了《福布斯》富豪榜。

1983年，爱出风头的乔布斯公开宣布："苹果已经创造了300位百万富翁。"根据当年《福布斯》杂志的一项分析，在美国最富有的前400人中，28岁的乔布斯由于拥有2.84亿美元财富，成为400人中最年轻的一位。

乔布斯甚至因为巨大的成功，成为白宫的座上宾，当时的美国总统里根对乔布斯非常赏识，称他是美国人心目中的英雄。

在公众眼里，乔布斯更是成为一个财富偶像———一个年纪轻轻、相貌堂堂、彬彬有礼、精力充沛、脸上总带着自信微笑的有为青年。

为此，乔布斯自豪地说："当我23岁的时候，我的财富达到了100万美元；在我24岁的时候达到了1000万美元；而在25岁的时候达到了1亿多美元。"

# 开发"麦金托什"

1980 年，苹果公司成功上市。

虽然乔布斯依然吝啬，依然脾气暴躁，对他的争议也一直在继续，但不可否认，乔布斯已经成为一个奇迹，不管别人怎么说，他依旧延续着自己的人生传奇，并一次次带给人们巨大的惊喜。

不过，乔布斯在获得金钱、掌声和荣誉的同时，也开始变得无所适从，在这种情况下，乔布斯迫切地想要参与到公司的某个研发项目中，从而证明自己在公司的价值。

但是，他已经被"丽莎"研发组踢出来了，因为董事会意识到他根本不能胜任管理者的职位。苹果系列计算机的研发，他不能参与，因为那已经深深刻上了沃兹涅克的烙印，而且无论乔布斯采取怎样的行为，都不能改变沃兹涅克在苹果系列计算机研发部门的老大地位。

在意识到这些后，乔布斯想如果他可以掌控一个新的部门或者加入一个刚刚开始不久的新产品研发团队，就能很轻易地让这个研发产品成为自己的产品。

于是，乔布斯便盯上了正在研发的"麦金托什"。

"麦金托什"项目是由一个名为杰夫·拉斯金的计算机天才负责的。他过去是一名教授，后转行做计算机顾问，并于 1976 年编写了 Apple Ⅱ 的 Integer BASIC 手册。

1978 年 1 月 3 日，拉斯金加入了苹果公司，员工编号是 31，当时任发行部经理。过去曾组建过新产品评审部和应用软件部。

在乔布斯打算向"麦金托什"项目下手之前，该项目的研发团队已在拉斯金的带领下完成了组织工作。

早在 1979 年，"麦金托什"项目是就已经确立下来了。那年春天，身为公司董事会主席的马库拉找到拉斯金，问他是否有意愿为代号为 Annie 的项目工作，该项目的目标是生产价格为 500 美元的游戏机。

这时候，乔布斯和其他团队正在把全部精力放在"丽莎"计算机上面，而公司方面觉得应该研发一款基本配置不加磁盘驱动器或显示器，销售价格比 Apple II 价格更低的产品。

拉斯金在听完马库拉对项目的介绍后，虽然他认为这个项目是个好项目，但他并不愿参与这个项目，因此便拒绝了。拉斯金说道："马库拉，这确实是个好项目，不过我对游戏机不太感兴趣。不过，我一直梦想某个时候能制造一个叫'麦金托什'的产品。它主要从人的因素出发进行设计。"

马库拉深感疑惑："从人的因素？"

拉斯金说："是的，不过这一点，可能人们还完全不可理解，但是我想……"

听到拉斯金的理由后，马库拉对他的想法很感兴趣，于是就请拉斯金详细地阐述他的想法并调查将这些想法付诸实践的可行性。

拉斯金马上着手行动，至 1979 年 5 月下旬时，他就已经粗略地确定了 PITS 计算机的基本思想。

拉斯金的这一基本思想与 Apple II 的不同之处就在于更方便人们操作。

Apple II 开放的体系结构虽然很好，人们可以将任何需要的东西插到插槽中，但是这样的灵活性需要用户成为技术人员，并且开发商要制造这种在任何配置下都能工作的计算机极为困难。相对于 Apple II 开放的系统，拉斯金为自己的"麦金托什"计算机确立了封闭式的研发思想。

从理论上，拉斯金的想法是可以实现的。对此，拉斯金作了这样的解释："诸如这样的考虑，引导我构思出了'麦金托什'项目的指导方针和它的基本架构。它没有外围插槽，客户就不必明白机器内部构造。内存大小固定，所有的应用程序都可以在'麦金托什'上运行。屏幕、键盘和大容量存储器设备都内置在计算机内，这样客户就有了真正完整的系统，我们就能控制字符和图形的外观。"

此外，拉斯金还设想把"麦金托什"的重量控制在 20 磅以内，内置电池的电能可供运行两个小时，这样一来就可方便人们携带。

除了上面这些，拉斯金还希望自己制造的计算机能够拥有 8 位微处理器、实时时钟、打印机、能显示位图图形的四五英寸的屏幕，以及 200K、5.25 英寸软盘驱动器。

当拉斯金把自己的这套基本思想拿到苹果公司董事会上去讲解时，立即遭到了乔布斯的极力反对。因为那时，乔布斯正在领导着"丽莎"计算机的研发组，他担心"麦金托什"计算机会影响到"丽莎"的推出。

在董事会上，乔布斯大声嚷道："不可能，你不可能开发出这样的计算机，这完全是错误的研发方向，现在公司应该全力以赴地开发'丽莎'。"

乔布斯憎恨这个想法，后来，他到处说不行，甚至粗暴地说："这是世界上最笨的产品，绝对卖不出去。"

尽管乔布斯强烈反对"麦金托什"项目的成立，但是董事会最终还是通过了这个项目。

1979 年 9 月，该项目正式启动。拉斯金指出："1981 年 9 月'麦金托什'就可投入生产，圣诞节的终端用户销售价格为 500 美元。随着产量的上升，按照我的期望，18 个月后价格可以降至 300 美元。"

虽然拉斯金表现得信心满满，但乔布斯仍然对这个项目持反对态度，而且一点软化的迹象都没有。

不管乔布斯对"麦金托什"抱持怎样的态度，这个项目还是默默展开了，拉斯金在研发过程中不断提出更精彩的东西添加到计算机中。

没过多久，拉斯金就意识到如果把一切所需的东西都放到计算机中，按照原先预定的 500 美元价格是收不回成本的，因此他设定了一个新的目标价格 1000 美元。

拉斯金在他的一个备忘录中这样写道："毫无疑问，我们需要更多大容量的存储器、内置打印机、彩色图标，但是我们觉得低价格和携带方便是最重要的属性，我们努力实现了这些目标。”

就在拉斯金带领的小组默默开发"麦金托什"时，苹果公司内部由于乔布斯的问题出现了一些小骚乱。然而之后，乔布斯对"麦金托什"这个项目的态度突然来了一个180度的大转变。

事实上，"丽莎"项目的研究人员早就对乔布斯忍无可忍了，因此在乔布斯气急败坏地离开"丽莎"研发组时，并没有挽留他，相反他们还巴不得乔布斯早点离开。由此可知，乔布斯想要再加入"丽莎"已经是完全没有可能了。

但是，对于加入"麦金托什"，乔布斯是很有把握的，而且他最擅长把别人的东西变成自己的东西，因为他总是表明自己很有创意。拉金斯就这样评价乔布斯的"创意"："乔布斯最标准的做法就是从你那里获得创意，然后，他马上消化这个创意，一周后他回来就说：'嗨，我有一个绝好的创意！'他告诉你的这个创意就是你的创意。我们称他为扭曲显示的立场。"

不仅仅是拉斯金，就是和乔布斯是多年好友的沃兹涅克也从来不知道乔布斯的创意是怎么来的："对于乔布斯，你不知道他的创意确切地来自哪里。"

即使拉斯金预料到乔布斯加入"麦金托什"项目会夺走自己的研发成果，他还是没有办法阻止乔布斯的加入，因为乔布斯在苹果公司上市后，拥有的不仅仅是金钱，还有在公司难以撼动的地位。

当然，乔布斯也不是毫无预兆就宣称要加入"麦金托什"项目的。在加入之前，他就开始到处宣讲"麦金托什"的优点，这让当时的很多员工都不能理解，大家私下里议论："一直憎恨该项目的人怎么会一下子就转变态度了呢？"

不管别人怎么猜测，乔布斯还是乐此不疲地向人们说着"麦金托什"的优点，他甚至还对拉斯金兴奋地说："'麦金托什'可能会成为20世纪80年代的 Apple Ⅱ，这真是一项极其出色的设计，'麦金托什'指引了未来计算机的发展方向。"

对于乔布斯这样直白的赞誉之词，拉斯金有种丈二和尚摸不着头脑的感觉，他对别人说："乔布斯是'麦金托什'最激烈的批评者，他总是在董事会上压制这个产品。可是，两年后，他却开始赞美'麦金托什'，让人觉得莫名其妙。"

虽然乔布斯"莫名其妙"的行为让拉斯金感到不可思议，但在熟悉乔布斯的人看来却是很正常的。因为乔布斯做任何事都是有目的的，他赞美"麦金托什"不过就是为了博取拉斯金的好感，进而加入"麦金托什"的研发团队而已。

有一位工程师却早就看穿了乔布斯的把戏，他说："只要看一下乔布斯眼中流露出的目光就知道，对拉斯金来说大事不妙的日子不远了，乔布斯要把拉斯金的研究成果据为己有。"

正如这位工程师预料的一样，乔布斯开始向董事会申请加入"麦金托什"的研发团队。

拉斯金知道这个消息后，立即表示强烈反对，他说："乔布斯什么事情都想掺和，不管你在做什么，他一定要沾上点边，苹果公司没有人想让他参与他们的项目。我已组建了'麦金托什'团队，我想也不需要他。"

即使如此，董事会还是同意让乔布斯加入"麦金托什"的研发团队，因为这样可以减少他对其他研发项目的干涉。

"麦金托什"的研发地点比较偏僻，如果乔布斯到那里去办公，自然就会减少对苹果公司其他工作的干预。出于这种考虑，斯科特很快就批准了乔布斯的申请。

关于董事会的想法，乔布斯心中也很清楚，他说："我决定来设计'麦金托什'，他们没把我当回事。我想斯科特有点像在迁就我。他们想把我拴在'麦金托什'项目上，因为他们认为'麦金托什'并不重要，但是我却将它视为证实我价值所在的机会。"

就这样，乔布斯加入了"麦金托什"的研发小组。

当乔布斯来到"麦金托什"的研发地点时，他发现这个研发组只有几个研发人员，这与"丽莎"研发小组有200多名研发人员大不相同。在看到这种情形后，乔布斯突然觉得自己好像又回到了在车库中工作的那些日子。

乔布斯看到，"麦金托什"的研发人员都充满了激情，他自己也很快被这种激情所感染，觉得自己一定会与他的研发组做出一些成绩来。他踌躇满志，浑身充满了力量。

乔布斯却认为，只有远离其他项目，独立的项目才能取得非凡的成绩，因此"麦金托什"的研发地点选在了郊区。

如果说乔布斯加入"麦金托什"为研发组带来了什么好处的话，最大的好处恐怕就是在资金和其他方面获得了许多便利。可以说正是乔布斯的加入，才改变了"麦金托什"不被重视的现状。

乔布斯利用自己的职权为"麦金托什"的顺利进展争取了尽可能多的支持。在董事会议上，他总是不遗余力地赞美"麦金托什"，当有人想干涉"麦金托什"的进展时，乔布斯总是千方百计地清除障碍。

"麦金托什"研发组的成员安迪这样形容乔布斯的作用："乔布斯所做的最重要的事情就是竖起了一柄巨大的保护伞，保护项目免受外界的影响。"

# 激励研发的热情

"麦金托什"项目在乔布斯的保护下，进展十分顺利。但与此同时，乔布斯与拉斯金的矛盾也越来越难以调和了。

所谓"一山难容二虎"，也就是这个道理。乔布斯与拉斯金都是相当自负而且性格强硬的人，这样的两个人在一起工作，必然会出现很多摩擦。

本来拉斯金就反对乔布斯加入，偏偏他加入后，还要在每个研发环节插上一脚，想要将"麦金托什""抢"到自己手中，而且丝毫不怕别人知道。这一点让拉斯金难以接受，因此，两人的矛盾也就越来越尖锐了。

在乔布斯加入"麦金托什"研发团队之前，整个团队的领导人只有一个，那就是拉斯金。但是乔布斯加入之后就不同了，乔布斯身为苹果公司的创始人之一，在公司内部具有至高无上的权力，他当然不甘做拉斯金的手下，任拉斯金"呼来喝去"，于是乔布斯心中就产生了"取而代之"的想法。

再说拉斯金，"麦金托什"是他的梦想，他想要亲手把自己的梦想转化为现实。他就像一个父亲，一心一意地想要保护自己的孩子。然而当拉斯金带领自己的团队一步一步朝着梦想的目标迈进时，乔布斯却突然插上一脚，这无异于要抢走他的"孩子"，他当然很难接受。

虽然在乔布斯加入研发团队时，拉斯金并没有做出什么激烈反对的行为，但那并不代表拉斯金就可以忍受乔布斯对"麦金托什"的"指手画脚"。

对乔布斯而言，他加入研发团队的目的就是为了将"麦金托什"占为己有，所以在研发的过程中当然不会袖手旁观，他要让每个研发环节都刻上自己的烙印。

针对"麦金托什"的"所有权"之争，使拉斯金与乔布斯的矛盾越来越深，关系也越来越紧张。

对一个团队而言，领导人的相互合作，无疑会让这个团队的发展如虎添翼。相反，如果两个人互相看不顺眼，而且都不懂得退让的人一起担任团队的领导人，那问题只会越来越复杂。既然"一山不容二虎"，那么一场争斗就难以避免。

在乔布斯刚加入研发团队不久后，两个人之间的战争就爆发了。乔布斯试图更改"麦金托什"的名字，他提出将计算机更名为Bicycle。这分明就是想让"麦金托什"的研发完全属于他自己。

对于乔布斯的第一次"挑衅"，拉斯金并没有放在眼里，而其他研发人员也没有将乔布斯的提议放在心上。最终这个提议因无人响应而告终。

经过这一次的更名事件后，乔布斯并没有就此放弃，反而越加"过分"。在"麦金托什"的设计上，他处处插手，而且拒绝让拉斯金的想法体现在"麦金托什"上。

在研发过程中，有人提出用"丽莎"项目采用的性能更好的68000微处理器替换6809E微处理器时，乔布斯立即表示支持这种想法："好，这真是一个美妙的建议！"

但是拉斯金很不乐意，他说："不行，这样一来，会让'麦金托什'计算机成本大大升高。"

尽管如此，乔布斯还是不肯做出让步，他寸步不让："我却觉得，采用'丽莎'的微处理器可以让'麦金托什'更加方便地使用'丽莎'的一些技术软件，其中包括阿金森很出色的QuickDraw子程序。"

最终，还是拉斯金妥协了，"麦金托什"采用了68000微处理器。

但通过这一次的变更，拉斯金更加讨厌乔布斯了，因为在乔布斯的带领下，他所要研发的"麦金托什"与"丽莎"有了相似之处，与他之前的设想出入很大。

更让拉斯金气愤的是，在变更了微处理器之后，乔布斯更是系统地从"丽莎"项目中争取关键技术和人员，让他们参加到"麦金托什”的团队中来。

为此，乔布斯还得意地为“麦金托什”研发小组起了一个叫作“海盗”的名字。乔布斯说：“我认为当海盗比参加海军强，因为海盗可以肆意地掠夺。”

所谓人如其名，“麦金托什”的研发人员确实像海盗那样掠夺了许多技术。在“麦金托什”成功推出后，其研发成员曾公开承认这款计算机与“丽莎”有着很多相同的技术：“许多人认为我们从施乐公司获得了技术。而实际上，我们是从‘丽莎’项目获得的。”

除了从“丽莎”项目中掠夺技术，乔布斯也有一些自己的主意想要加在“麦金托什”上，但这些主意往往与拉斯金的想法不同，因此在办公的地方常常能听到他们的吵架声。他们会为了“麦金托什”使用什么型号的芯片争吵，会为了设计机箱的形状争吵，会因为制定计算机研发进度表争吵，他们甚至会为了研发组的开会时间争吵。

有一次，乔布斯在研发小组会上说：“我认为，‘麦金托什’必须拥有一个小巧的鼠标……”

可是拉斯金却马上打断了乔布斯：“我个人比较喜欢用光笔或操纵杆作为图形的输入设备。”

为此，他们两人又是大吵一番。之后，双方都做出了一定的让步。拉斯金同意使用鼠标，但是鼠标的式样由拉斯金决定。最终，拉斯金决定不像 Alto 那样使用 3 个按钮的鼠标，而是使用一个按钮的鼠标。

在这些争吵声中，乔布斯与拉斯金的矛盾愈演愈烈，这种矛盾的激化让拉斯金觉得越来越吃力。终于，拉斯金向苹果公司提出了辞职。

但是，拉斯金辞职最大的原因却并不是因为技术争吵造成的，而是乔布斯在语言上的挑衅让拉斯金无法忍受。

这一天，乔布斯专门来到拉斯金的办公室对他说：“我将接管软件研发，你可以做技术文档工作。”

在这之前，一直是拉斯金负责软件方面的开发和文档编写工作，

而乔布斯是负责硬件开发的。看着乔布斯那傲慢的神态，拉斯金立即来了火气，赌气地嚷道："不，你也可以做技术文档工作，我辞职。"

相对于硬件的开发，拉斯金更喜欢在软件方面的研究。他曾这样说过："界面和芯片内部相比，我对界面更感兴趣。"也正是因为这种工作分工，拉斯金才在乔布斯加入"麦金托什"时没有做出什么激烈的反对行为。

可是，这时乔布斯得寸进尺，却连他开发软件的任务都要抢走，这让拉斯金终于承受不住了。气愤不已的拉斯金当天就写了长达4页的机密邮件，在该邮件中拉斯金列举了与乔布斯共事的具体问题。

拉斯金写道："乔布斯经常错过约会。他采取行动时缺乏思考，并作出不利的判断。应该给予信任的地方，他却不给予信任。乔布斯经常从个人偏好出发作出反应。他努力像父亲一样，却会作出一些可笑且不经济的决定。他经常打断他人的话而不倾听别人说话。他不恪守承诺，武断决策，乐观估计。乔布斯通常不负责任并且不顾及别人的感受。作为软件项目经理他并不称职。"

当斯科特将这封邮件拿给乔布斯时，本意是想让他寻求解决之道，可乔布斯在看完邮件后，只有愤怒不已，却不曾反思。后来，他当着斯科特和拉斯金的面说他再也不能和拉斯金一起共事了。

而拉斯金这时也觉得，自己再也无法忍受乔布斯了，于是，拉斯金便决定辞职。

对于这个结果，乔布斯和斯科特都觉得不妥当，便给了拉斯金一个月的假期，希望他能慎重考虑后再作决定。

一个月后，休假回来的拉斯金接到通知，让他去领导一个新的研发部门，拉斯金回应说："我现在与当初进入苹果的初衷已经完全不一样了。"

他依然坚持自己辞职的决定，并于 1982 年 3 月 1 日，正式提交了辞呈。

之所以造成这样的结果，其实与乔布斯和拉斯金这两个人的个性有很大关系。

一位研发工程师丹尼尔·科特肯客观地评价这件事情说："杰夫·拉斯金和史蒂夫·乔布斯两人都很自负。如果不顶撞史蒂夫，杰夫可能还能继续留在公司。但是，他对某些事情态度强硬，并且对史蒂夫从不会缄口不语，而是毫不客气地当面顶撞。"

拉斯金一离开，乔布斯就成为"麦金托什"研发组名正言顺的领导者。这样一来，乔布斯就可以完全按照自己的方式管理"麦金托什"研发组。

乔布斯为了让"麦金托什"彻底打上自己的烙印，同时也为了脱离沃兹涅克的影响，他竟然武断地不许研发人员采用任何扩展槽，因为扩展槽是沃兹涅克发明的。当研发人员试图通过将扩展槽称为诊断埠而放到设计方案中时，乔布斯发现后立即就删除了。他绝不允许自己的计算机上有沃兹涅克发明的任何东西。

除了在技术上要求苛刻以外，在管理上乔布斯还是采取他一贯的激情煽动方式。他总是在研发中心用传教士的煽动性口吻鼓舞着研发人员。为了让"麦金托什"尽快研发出来，乔布斯鼓励他的研发人员去做"海盗"。

乔布斯所传达的"海盗"精神不仅仅是像海盗一样疯狂忘我地工作，更是像海盗一样去"盗取"技术。

乔布斯为了发扬这种"海盗"精神，他甚至还为"麦金托什"的每个研发人员都发了一件印着醒目"海盗"字样的运动衫，还在"麦金托什"所在的研发大楼楼顶挂起了海盗骷髅旗，以此来强调他们的工作与苹果公司其他部门的工作是多么不同。

乔布斯的这些做法，在很大程度上鼓励了"麦金托什"的研发人员，同时也增强了整个团队的向心力。

一位参与"麦金托什"项目研发的工程师这样评价乔布斯：

　　乔布斯身上好像有一种诱人的光环，这种光环能让你忍受他的暴躁、多变，让你凝聚在他的周围，像奴隶般为他工作。并且他总是有办法让你激情四射。

还有一位团队成员这样形容乔布斯的管理风格：

　　他是动机很强的那种人，就像罗马军团的司令。他真的知道如何激励小组人员生产产品。

　　在乔布斯的激励下，研发组的创造热情都被激发出来了。这个具有创造精神的"海盗团队"一直相信：他们可以跟着乔布斯一起改变世界！所以，他们为了让"麦金托什"成为最棒的计算机而努力着。

# "麦金托什"研制成功

乔布斯挤掉拉斯金之后，自己独立领导"麦金托什"研发小组，他又用"海盗"精神激励大家，所有人都努力地工作着。经过长达3年的研发，耗费7800万美元开发费用后，"麦金托什"计算机终于在乔布斯的领导下诞生了。

1984年1月24日，苹果公司在戴安扎学院弗林特中心举行的股东大会上，首次展示了"麦金托什"计算机。

乔布斯作为这场典礼的主人，为了让人们能够对"麦金托什"印象深刻，他还特意写了一份演讲稿，箭头直指苹果公司的竞争对手IBM。

凭借着自己那三寸不烂之舌，乔布斯的演讲当即就炒热了现场气氛。

在这篇富有煽动性的演讲稿中，乔布斯这样写道：

1958年，IBM拒绝购买那家羽翼未丰的年轻公司，而该公司刚发明一种名为静电复印术的新技术。两年后，施乐公司诞生了，而IBM却一直在追赶该公司前进的脚步。

10年后的20世纪60年代，数字设备公司和其他公司发明了小型计算机。IBM放弃了小型计算机，因为它太小以至于不能做严肃的计算，因此IBM对其业务并不看重。而DEC却在IBM最终进入小型计算机市场之前成为价值数亿美元的公司。

10年后的今天，也就是20世纪70年代。1977年，位于西海岸的一家羽翼未丰的年轻公司苹果公司发明了Apple Ⅱ，这是今天我知道的第一台个人计算机。

20世纪80年代早期的1981年，Apple Ⅱ已成为世界上最流行的计算机，苹果公司已成为价值3亿美元的公司，它是美国商业史上成长最快的公司。超过50家公司参加这块市场的竞争，1981年11月，IBM公司通过IBM PC进入个人计算机市场。

1983年，苹果公司和IBM成为业界最强大的竞争者，两家公司都在1983年销售了价值约10亿美元的个人计算机。

就在今年，即1984年，IBM想独吞这块市场。苹果公司意识到唯一的希望就是给IBM让开财路。经销商最初热烈欢迎IBM，而现在则害怕个人计算机市场受IBM主导和控制。越来越多的经销商又渐渐回到苹果公司身边并将苹果公司作为确保他们未来自由的唯一力量。

我们的大作家乔治·奥威尔说得对吗？

当乔布斯以疑问句结束自己的演讲时，人群立即沸腾起来："不，不，不！"

就在这片混乱中，乔布斯身后的屏幕开始播放"麦金托什"的商业广告，这个号称耗资千万美元的商业广告使人群更加激情澎湃了。

广告片结束后，乔布斯严肃地说道："到目前为止，我们这个行业中只有两个里程碑产品——1977年的Apple Ⅱ和1981年的IBM PC。今天，也就是'丽莎'推出后的一年，我们正在将第三个行业里程碑产品'麦金托什'投放市场。"

紧接着，乔布斯来到一张放有帆布袋的桌子旁，展出了他引以为傲、堪称完美的"麦金托什"计算机。乔布斯匆匆地演示完"麦金托什"的图形功能后，迫不及待地说道："今天，也是第一次，我想让'麦金托什'自己来介绍自己。"

听完这句话，人们都惊呆了，全场鸦雀无声。

乔布斯不知按了一下哪个键，"麦金托什"就发出了合成的声音："嗨，我是'麦金托什'。从那个袋子里出来真好。我还不习惯公开讲话。我想与你们分享第一次与IBM大型机会面时的想法——我绝对不相信你可以举起一台计算机。而现在我想休息一下，听你们谈谈看法。因此，我非常骄傲地向大家介绍一位先生，他就像我的父亲一样——史蒂夫·乔布斯。"

经过这次展示，"麦金托什"那奇怪的合成声音给所有人都留下了深刻的印象。此外，它小巧、精致的外观以及运行速度快的优点也让人们难以忘却。

除了以上这些优点之外，"麦金托什"还是世界上第一种可以买到的、拥有交互式图形接口并且使用鼠标的个人计算机。它的操作系统领先当时IBM PC的操作系统DOS整整一代。

不仅仅是接口上的差别，"麦金托什"操作系统在内存管理上有着DOS不可比拟的优势，因为DOS实际可用的内存始终局限在64K，而"麦金托什"则没有任何限制。

从这次展示中，乔布斯就知道自己成功了，"麦金托什"成功了。"麦金托什"的成功与那些辛辛苦苦研发软件的人员是脱不了关系的，同时与乔布斯的苛刻也是密不可分的。

乔布斯似乎生来就是一个完美主义者，凡事都要坚持到底，关注每一个细节。在苹果公司创业之初，为了让Apple Ⅱ的设计符合大众的喜好，乔布斯可是煞费苦心。他整天在百货公司观察陈列在那里的商品，详细研究那些以硬件闻名的公司是如何创新产品的外形的。

除此之外，乔布斯还喜欢到停车场去散步。名义上是散步，但实际上他是在研究汽车造型间的差异。那时他最喜欢的就是拿宝马、保时捷和奔驰汽车的车型来作比较，因为这几种车是最畅销的。他试图从外形上研究出人们为什么会被其吸引，进而购买和驾驶。

在一次"麦金托什"的研讨会议上，乔布斯将自己的心得告诉了其他人："多年来，奔驰公司把他们的线条变得更柔和了，但细节部分却变得更加严谨了，我们也必须让'麦金托什'达到这个境界。"

由此可见，乔布斯对"麦金托什"的要求是多么完美。

乔布斯在"麦金托什"的软件设计部门没有太多的话语权，因为他不太懂软件部分，这也是之前为什么是拉斯金负责软件部分，而他负责硬件部分的原因。

在计算机设计方面，唯一不需要技术知识的地方就是机箱的设计，所以这块就被乔布斯看成了自己的设计领域，而乔布斯的完美主义也充分地发挥在这一块了。

在一次会议中，乔布斯将一本电话簿放在桌子上，指着电话簿高声说道："设计出来的'麦金托什'就应该是这么大，不能再让它的体积变大了。如果再加大，用户会受不了的。"

说完这句话后，会议室的研发人员几乎都惊呆了，像电话簿大小的机箱，这太为难研发人员了。

乔布斯看也不看那些研发人员的惊讶表情，接着说道："另外还有，我一看到这些方方正正的像盒子一样规矩的计算机就厌烦，为什么不能把它设计得更高明一点呢？"

说完，还没等研发人员说话，乔布斯就离开了会议室。

留下的研发人员你看看我，我看看你，再看看乔布斯留下的电话簿，都不知道该怎么办了。因为这本电话簿的大小只有原来计算机的一半，不懂计算机的人都认为根本不可能设计出这么小的计算机，而研发人员根据电子学知识，更是认为设计出体积如此小的计算机几乎没有可能。

即使如此，乔布斯还是固执己见，坚持要研发人员经过尝试后再确认那样小的计算机真的生产不出来。

最终研发人员还是按照乔布斯的设想设计出了计算机外形，半个月后，他们将设计好的模型整齐地摆在一起，让一些普通的消费者前来参观评价，结果人们都肯定了在乔布斯创意下设计的计算机机箱。

有了这次成功的经验之后，乔布斯在外形的设计方面更加固执了。他的这种固执让"麦金托什"的工程师都十分头痛，因为他提出的要求总是苛刻得让人无法接受，而他仍然只管把决定提出来，至于设计方面就交给工程师们去操作。

为此，工程师常常向乔布斯提出抗议，说他们根本就设计不出"麦金托什"奇特外形所需要的塑料外壳。

但乔布斯还是坚持"麦金托什"的外壳必须是一体成型，他要让"麦金托什"的构造成为一种制造工艺的突破。

有一天，一位工业设计师对乔布斯大叫道："乔布斯，我做不到，它太复杂了！"

乔布斯丝毫不顾设计师的强烈态度，他只冷冷地对这位设计师说："我不接受你的说法。要是你做不到，我会找其他人。"

这就是乔布斯，傲慢、暴躁，似乎从来不懂得尊重他人。但正是在乔布斯这种刺激性语言的激励下，研发人员往往可以设计出更好的东西。

最终，研发人员真的设计出了乔布斯要的那种塑料外壳。虽然过程十分艰辛，但最终他们确实做到了，而且取得了极好的效果，几乎所有消费者都对它爱不释手。

可以说，正是乔布斯强硬的要求才使得"麦金托什"得以完美登场。

"麦金托什"的完美登场除了让消费者为之疯狂以外，还引起了广大媒体的热切关注。发行量很多的一家著名杂志用了大块版面来报道"麦金托什"，其间的溢美之词随处可见，其中该杂志的一位评论员在一篇报道中这样写道：

> "麦金托什"是一种很有趣的计算机。作为一个拥有Apple Ⅱ的人，我觉得操作如此容易，以至于感到有些不敢相信。
>
> 我发现这种计算机使用起来非常方便，以至于在我写这篇评论时，我8岁的孩子一直缠着我要使用"麦金托什"。一个小时内，她就熟悉了相关术语，知道如何操作这台

机器。

　　"麦金托什"代表着最先进的视窗技术，而价格则只是购买 IBM PC 视窗软件的价格。它的速度和成熟在我见过的任何视窗产品之上。它的小巧使它成为办公桌上很受欢迎的电器。

　　将"麦金托什"集成到连接成网络的办公系统的计划对于几乎所有知识工作者都很有吸引力。无论你是否要到市场上购买计算机，都能感受到"麦金托什"的魅力。我相信你也想要一台。

相对于杂志的煽情报道，另一家杂志的评论就显得更为客观些：

　　"麦金托什"是个人计算机历史上最具有硬件价值的计算机。这种计算机吸引了多数没有时间或不想经过长时间学习个人计算机复杂功能的人。除无法预料的技术问题外，只要 1983 年年底有比较合理的软件库，"麦金托什"应该能确立在下一代个人计算机中的标准地位。

除了杂志方面的赞誉外，微软的创始人比尔·盖茨也对"麦金托什"毫不吝啬地赞赏道：

　　下一代很有意思的软件将在"麦金托什"计算机上实现，而不是在 IBM PC 上。任何能在 128K "麦金托什"上编写出优秀应用程序的人都应该获得奖章。

加州计算机历史博物馆馆长麦克尔·威廉斯对"麦金托什"也给予了很高的评价：

　　之后 20 年著名的个人计算机时代都是源于此时。

　　像这类的赞誉之词，从"麦金托什"亮相以来就未曾断绝过。

　　人们对"麦金托什"的赞美和肯定，让乔布斯感到无比的自豪。他被人称为"麦金托什之父"，乔布斯终于找到了自己的价值，找到了与沃兹涅克相抗衡的法宝。

# 与沃兹涅克分道扬镳

乔布斯一直有一个梦想，就是希望在计算机设计方面摆脱沃兹涅克的阴影，因为他老是感觉自己无法忍受沃兹涅克在设计方面的强势，从而使自己时时产生挫败感。

而沃兹涅克也越来越不喜欢乔布斯，因为乔布斯整天让他参加没完没了的会议。本来沃兹涅克对开办公司就没有兴趣，他只是比较热衷于设计计算机，而且把这当作一种兴趣在做，而乔布斯却想把他的产品卖到全世界去。

伴随着苹果公司的成长，乔布斯与沃兹涅克之间的差异也越来越明显。

与乔布斯不同，沃兹涅克没有成为亿万富翁的专注和野心。所以他在发现自己拥有的财富一辈子都花不完后，便开始将自己的财富分给亲朋好友。

沃兹涅克这一连串的行为，也让乔布斯极其看不惯，因为在他看来，沃兹涅克的行为已经影响到公司的进展了，而这是乔布斯最难以接受的。

沃兹涅克将 1000 股一组的苹果公司股票赠送给自己的朋友、家人以及在苹果公司作过贡献却被忽视的那些同事。沃兹涅克的这种慷慨，心意是好的，却不经意地迫使苹果公司提前公开上市。

当时，苹果公司的总裁迈克尔·斯科特如此解释道："公司的历史上有一些不可思议的数字，其中一个数字就是 500。一旦有 500 个股东，就必须在美国证券交易委员会备案。"

因此，在沃兹涅克的慷慨下，苹果公司成为事实上的上市公司。

苹果公司上市后，沃兹涅克在设计苹果系列计算机方面显得越来越难以专注。从沃兹涅克本身的性格来讲，他只对有挑战性的项目感兴趣，而对修改最初设计方案这样的事情丝毫提不起兴趣，这恐怕是沃兹涅克很难专注于苹果计算机的最根本原因。

除了这个根本原因之外，还有一个直接原因，那就是沃兹涅克又陷入到热恋之中。

1980年7月，在经历了一次失败的婚姻后，沃兹涅克开始与苹果公司的员工坎迪·丝卡森·克拉克进入热恋之中，克拉克是美国奥林匹克皮划艇队前队员。经过短短几个月的相处，两个人便坠入了爱河，并于当年圣诞节正式订婚。

为资金所迫的沃兹涅克在离开公司两年后又回到了苹果公司。

那天，沃兹涅克来到苹果公司园区的大楼，Apple II 分公司所在地，谦恭地要求找点事做。

刚刚上任两个月的苹果总裁约翰·斯卡利认为沃兹涅克的归来将能很好地振作 Apple II 的士气，于是便欣然同意了沃兹涅克的要求。

果然，沃兹涅克的归来大大鼓舞了苹果系列计算机的研发者。在沃兹涅克的带领下，他们很快就使 Apple II C 的鼠标能够正常工作了。

之后，沃兹涅克又领导了一个重量级的计算机研发项目，代号为 Apple II X。该项目以西方设计中心的 65812 处理器为基础，该处理器与 Apple II 中的 6502 处理器相互兼容。Apple II 还配有第二个处理器插槽，这样它就能运行 IBM PC 和"麦金托什"软件。

不过，在研发工作结束前，该项目就被撤销了，因为西方设计中心不能及时生产出芯片。

同时，乔布斯为了避免 Apple II 产品线威胁到"麦金托什"占有的市场份额，对沃兹涅克领导的 Apple II X 也提出了反对意见。

这样一来，沃兹涅克手中的工作就被掏空了。手头没有设计方面的工作，本应该很清闲的沃兹涅克却被没完没了的会议干扰得无法清闲。身负盛名也给他带来了无休止的烦扰，如电话、爱好者的邮件、演讲活动等。

最让沃兹涅克气愤的还不是这些，而是公司忽视他设计的 Apple II，甚至希望它停产并退出市场。

沃兹涅克气愤难当，他向苹果公司的高层嚷道："作为第三大股东，我想让你们知道我非常生气，Apple Ⅱ 小组中有许多人也很气愤。这些为 Apple Ⅱ 工作的人整天听到的都是'麦金托什'。看到他们士气低落，我也深受伤害。今天早上我来上班时，工程师、管理人员和秘书都已准备提交辞呈，他们对此非常愤怒。给股东的印象是公司所有的收入都是来自'麦金托什'。"

苹果高层试图平息沃兹涅克的愤怒："斯蒂芬，你冷静一下，我们都是从公司整体利益的角度来考虑的。"

但是，一向个性温和的沃兹涅克却变成了一头发怒的雄狮，他实在是对苹果公司对自己设计的忽视忍无可忍，所以尽管新任总裁斯卡利极力挽留，他还是离开了苹果公司。

1983 年 2 月 6 日，苹果公司方面宣布沃兹涅克可以再次去做一些他感兴趣的工作。

但显然沃兹涅克并不买这个账，这一次，沃兹涅克彻底断绝了自己回苹果公司的后路，在离开公司时，他将拥有的苹果公司 4% 的股份，以每股 30 美元抛售了。

尽管苹果公司的公关人员努力给沃兹涅克的离开发出积极的信息，坚持说沃兹涅克作为工程顾问将继续留在花名册上，年薪为 20000 美元。

但沃兹涅克并不领情，他在媒体面前严厉批评苹果公司的管理层说："他们简直是一群浑蛋，竟然在 Apple Ⅱ 产品线创造公司 70% 收入的情况下却支持'麦金托什'。"

沃兹涅克痛苦地离开苹果公司，最大的原因就是他们对 Apple Ⅱ 产品线的扼杀。而之所以扼杀 Apple Ⅱ 生产线，是因为他们忙着生产"麦金托什"，这种形势说穿了就是乔布斯造成的。因此，沃兹涅克对乔布斯的"偏心"很是气愤，他认为如果不是乔布斯压制苹果电脑，自己也不至于离开苹果公司。

这次离开苹果公司，沃兹涅克很快就与苹果公司的同事、工程师乔·埃利斯成立了一家新公司。起初这家新公司被命名为"我最好的朋友"，因为沃兹涅克希望自己的新产品是生动有趣、方便使用的家用电器。不过很快公司就更名为 CL9，因为那时他们正在制造一种控制音响和视频消费的电子设备。

凭着沃兹涅克在设计方面的天分，没过多久，他就让乔布斯明白了一件事——即使离开苹果公司，他也可以过得很好。

面对沃兹涅克的挑衅，乔布斯自然有办法应付。

乔布斯第一次看到沃兹涅克新产品的图纸时，他正在加州的坎贝儿访问专业创意设计公司。在看到沃兹涅克产品的图纸后，他立即就告诉工业设计师必须停止为 CL9 公司工作。

因为苹果公司是最大的客户，所以该公司的老板只好停止与沃兹涅克的合作。

关于这件事，乔布斯否认是出于某种个人动机，他对此解释道："我们不想看到自己的设计语言在其他产品上使用。"

沃兹涅克却不相信乔布斯的这套说法，他耿耿于怀地说："史蒂夫·乔布斯恨我，可能是由于我讲过有关苹果公司的事情。"

无论是出于怎样的动机，乔布斯和沃兹涅克这两个当年最要好的朋友，至此已经彻底分道扬镳了。

# 离开 "苹果"

如果就这样认输，我就不再是乔布斯了！我要始终相信自己，我依然可以再次创造奇迹！

—— 乔布斯

# 遭遇巨大的挑战

1980 年，苹果的成功上市，让乔布斯乃至整个苹果公司都陷入了鲜花和掌声的包围之中，人人内心得到了极大的满足和陶醉。

至 1981 年 8 月 12 日，IBM 的个人计算机正式进入市场，但这时，包括乔布斯在内的苹果公司中的任何人，谁也没有料到危机已经悄然出现。

IBM1911 年创立于美国，全称是"国际商业机械公司"，发展初期的主要业务为商用打字机，而后转为文字处理机，然后到计算机和有关服务。

在 20 世纪 50 年代，IBM 成为美国空军自动防御系统电脑发展的主要承包商。在 20 世纪 60 年代，IBM 是美国八大电脑公司中最大的一家。

然而对于这样一个电子行业的龙头老大，乔布斯却并没有放在眼里。在他看来，IBM 的辉煌已经是历史了，现在的时代是属于苹果的，是属于他乔布斯的。

IBM 公司推出了第一款个人计算机时，苹果公司的研发人员买回了这样一台，并把它拆开研究。他们认为，这款机器除了配有一个 5.25 英寸的软盘驱动器和一个 16K 的内存外，在技术上并没有什么突破。

另外他们发现，IBM 的个人计算机既不美观，体积也很大，显得很笨重，更没有技术方面的创新，还不容易操作。对此，苹果公司更加自大，对来势汹汹的 IBM 也毫不在乎。

甚至，乔布斯竟然在公共场合对 IBM 的个人计算机进行嘲弄："我觉得很奇怪，世界上最大的计算机公司 IBM 甚至都比不上 Apple Ⅱ，Apple Ⅱ 可是 6 年前在车库里设计的。他们只是重新包装了一下，或者是稍微扩展了一下 Apple Ⅱ 的技术。"

与此同时，苹果公司也推出了"麦金托什"计算机，研发组的研发人员坚信他们设计出的计算机比 IBM 个人计算机更为优秀，而且一定会在市场上大败 IBM 的计算机。

在"麦金托什"的发布会现场，乔布斯更是充分表演了他的语言天赋，大声疾呼："IBM 想独吞这块市场，正在将枪指向其进行行业控制的最后一个障碍即苹果公司。蓝色巨人会主导整个计算机行业、整个信息时代吗？"

马库拉对 IBM 的个人计算机上市也持乐观态度，他说："我们计划并等待 IBM 进入市场已经 4 年了。我们有驱动器，有 30 万安装用户，有软件库和分销系统，IBM 只有招架的份儿。除非发生第三次世界大战，否则他们很难打败我们。"

苹果公司甚至制作了这样一则贬低别人、抬高自己的广告。

1981 年 8 月 14 日，在 IBM 推出个人计算机仅仅两天之后，苹果公司就在著名的《华尔街日报》上刊登了整版广告，他们虚张声势地欢迎 IBM 进入个人计算机市场。

广告中这样写道：

> 欢迎 IBM 公司，苹果公司真诚欢迎你们和我们合作。欢迎你们光临 30 年前计算机革命以来最激动人心、最重要的计算机市场。
>
> 祝贺你们研发了世界上第一台计算机，我们期待着我们之间激烈的良性竞争可以把美国的计算机技术传播到全世界。
>
> 我们正在做的就是通过提高每个人的工作效率来增加社会财富。欢迎你们加入到我们的队伍里来。

这段看似友好的话，其中的意味却不言而明：作为对 IBM 个人计算机投放市场的响应，苹果公司实际上把 IBM 看成自己的继承人。

在乔布斯看来，IBM 的个人计算机在市场中只能是个配角，而他的"麦金托什"计算机才是最大的赢家。

乔布斯对 IBM 公开挑衅道："我们将让 IBM 退出市场，我们让它吃不了兜着走。"

但后来的事态发展并不是像乔布斯所期望的，吃不了兜着走的不是 IBM，而是苹果公司。对于 IBM 这个最强劲的竞争对手，苹果公司更多的是狂妄自大，而这种轻敌的心态无疑为其后来的失败埋下了伏笔。

IBM 凭借着它强大的品牌效应，迅速占领了个人计算机市场。当年就销售了 50000 台个人计算机，两年后 IBM 销售的个人计算机已经超过苹果公司。根据数据统计，1983 年苹果公司在个人计算机市场的份额达到百分之二三十，而 IBM 的市场份额则迅速攀升到 18% ~26%。

比尔·盖茨描述当时的情况说："IBM 宣布其 PC 机投入市场那天，我恰好在苹果公司，他们似乎并不在乎，一年后他们才意识到这件事。"

后来，苹果公司意识到自己的失误后，他们决定用 1983 年推向市场的"丽莎"计算机来抗衡 IBM 的个人计算机。

但"丽莎"计算机也没有抢夺到 IBM 的潜在用户，原因是它存在几个致命缺陷：首先，"丽莎"计算机 9995 美元的高昂价格使很多用户望而却步，几乎没有人能接受这样昂贵的价格；其次，"丽莎"的软件产品不能与市场上的任何产品兼容，需要捆绑 7 款应用程序；另外，"丽莎"计算机内部采用的 Motorola 68000 处理器，根本无法胜任处理信息点所有工作，这使得"丽莎"计算机运行速度出奇地缓慢。

除了"丽莎"计算机自身的缺陷，IBM 成功的另外一大原因是他们在 1982 年顺应了美国政府对其提出的反垄断指控，开放了 IBM 个人计算机标准。而这种标准后来成为行业标准，以至于很多公司包括惠普、康柏、戴尔等也只能生产和 IBM 兼容的计算机。

但苹果公司却不懂得"识时务者为俊杰"的道理，没有将技术标准及时开放。所以尽管"丽莎"计算机的软件程序优于 IBM 的技术，它的操作程序也比 IBM 的 DOS 操作程序先进了整整一代，但人们还是更愿意选择 IBM 的个人计算机。

1983 年，"丽莎"计算机在市场上被 IBM 的个人计算机打得"落花流水"，这让苹果公司的管理人员，包括乔布斯在内都感到了巨大的压力。

为了摆脱这种颓势，苹果公司管理层决定再为公司寻找一位深谙营销之道的管理者，也许只有这样，苹果公司才能招架 IBM 的进攻。

在经过一番慎重的调查比较后，百事可乐的总裁约翰·斯卡利成了苹果公司最后的选择。

斯卡利是一位公认的一流的市场销售专家，他曾在沃顿商学院获得 MBA 学位，1967 年加入百事公司，30 岁就升任百事可乐的销售副总裁。他提出的赫赫有名的"百事可乐挑战"非常成功地为百事可乐打开了市场。

该活动是让消费者同时品尝没有标签的百事可乐和可口可乐，结果多数人更喜欢百事可乐。通过这一活动，百事可乐的市场份额不仅大增，而且斯卡利也成了一位受人尊重的销售高手。

为了表达诚意，吸引斯卡利离开安逸的百事可乐，苹果公司为斯卡利支付了 100 万美元的年薪，另有 100 万美元的签约奖金，100 万美元的离任经济补偿，以及苹果公司 35 万股股票期权。

此外，乔布斯为了能让苹果公司尽快摆脱困境，更是连续 4 个月拜访斯卡利。然而斯卡利还是很犹豫，因为他不知道自己能否胜任这样一份工作，更不知道已经跌入谷底的苹果公司的命运会走向何方。

在斯卡利又一次拒绝了乔布斯后，乔布斯大声问道："你想用卖糖水来度过余生，还是想要一个机会来改变世界？"

这两句话触动了斯卡利那根最为敏感的神经，经过一番思考后，他毅然离开了条件优越的百事公司，来到了强大压力之下的苹果公司。

1983 年 4 月 8 日，44 岁的斯卡利被任命为苹果公司的总裁兼

CEO。随后，斯卡利发表就职演讲，他激动地说："如果你们想问我为什么来苹果公司，这其中只有一个原因，那就是在这里可以和乔布斯一起工作。我把他看成是我们国家在这个世纪里一个真正伟大的人物。现在我有机会能够帮助他，这件事本身就让我兴奋不已。"

有了新的管理者，当然还要有新的产品，才能让苹果公司重新焕发生机。于是，苹果公司顺势推出了"麦金托什"计算机，决定和IBM决一胜负。

在接受《花花公子》采访时，乔布斯说："苹果公司和IBM真的该做个了断了。如果由于某种原因，我们犯了一些重大的错误，IBM胜了，我个人的感受就是以后的20年就会处于计算机世界的黑暗时代。一旦他们占领了计算机市场，他们就会停止创新，也会阻止任何创新的开发和设计。"

然而，"麦金托什"还是遭遇到了巨大的失败。虽然"麦金托什"获得了人们的赞誉，可是它并没有得到市场的认可。原因是"麦金托什"同"丽莎"计算机一样，采用了完全封闭的设计构造，"麦金托什"的所有配件都不能同其他产品兼容，而且在短期内配套跟不上，电子表格和文字处理等软件两年后才推出。

同时，苹果公司为了独吞整个个人计算机市场，还不允许别人制造兼容机。

此外，"麦金托什"的价格高出IBM个人计算机将近1000美元，而这也是很多人不选择"麦金托什"的重要原因。

当然"麦金托什"没有得到市场认可还有一个重要的原因就是，IBM已经占领了市场，凭借它的开放技术，IBM的个人计算机已有千种软件程序可供选择安装，这使得用户感受到了IBM的强大，因此也更乐意选择IBM的个人计算机。

所以，"麦金托什"面市后销售量一直下滑。虽然苹果公司决定耗资1500万美元为"麦金托什"做100天的广告闪电战，但依然无法改变"麦金托什"在市场上的败局。

不过，自信满满的乔布斯却坚持说："我认为，'麦金托什'在这一年的销售量会达到 50 万台。"

很多人都认为这样的销售计划是不可能完成的。就像"麦金托什"的一位市场部经理所言："我听到了一种非常荒唐的销售计划，也就是一开始的 100 天内销售出 7 万台'麦金托什'，而在一年之内要销售 50 万台。我想这简直是发疯了。"

很多人反对乔布斯疯狂的销售计划，公司市场部的两位主管对这一销售计划提出了公开质疑，并希望乔布斯能保持清醒的头脑。

但任性的乔布斯却把他们都免了职。

"麦金托什"的销售依旧非常糟糕，营销天才斯卡利决定仿制他的"百事挑战"活动来提高"麦金托什"的销售量。他在《新闻周刊》的封底做了这样一则关于"麦金托什"的广告——试用"麦金托什"促销活动。

这次活动的方法，就是任何有信用卡的人都可以到苹果经销商的店内填写一张表格，然后就可以将"麦金托什"计算机带回家试用 24 小时。

当时大约有 20 万人参与了这次活动，可后来的事实说明，这次活动并没有让"麦金托什"的销售情况出现任何好转，甚至出现了更大的亏损，因为大多数借出的"麦金托什"计算机退回来时都有轻微的损伤。

"试用'麦金托什'"失败后，苹果公司又推出一则商业广告片《旅鼠》。在《旅鼠》广告片中，很多蒙着眼睛的商务人士每个人的一只手都搭在另一个人的肩上，而另一只手则拿着公文包，一个个像旅鼠一样从悬崖上跳下。

在枯燥的"去工作，我们走！"的旋律中，一个清亮的声音开始咏唱："1 月 23 日，苹果公司将宣布'麦金托什'。"此时，队列中最后一个人，在听到声音后，解开了蒙在眼睛上的绷带，停留在悬崖边上，旁白继续说："你可以看清未来，或你也可以照常做你的工作。"

但是这次，苹果公司又以惨败而告终。

不久后，苹果公司又推出了一款"麦金托什"序列产品，但实际上这种产品还没有研发出来。而这一重大决策失误，又一次让得不偿失的苹果公司陷入了危机之中。

这时候的苹果公司一片狼藉，在发布业绩时，甚至出现了亏损。1985 年 6 月 28 日，苹果公司宣布第一次出现赤字，亏损 1720 万美元，并且销售量比上一年滑落 11%。

苹果公司变得紧张起来，因为这是公司历史上首次面临的严峻问题。之前，虽然也推出了像"丽莎"计算机这样的失败产品，可是 Apple Ⅱ 的收入尚能掩盖这一失误。而此时，人们都在抨击 Apple Ⅱ 已经成为过时的产品，没有人再来追捧 Apple Ⅱ，Apple Ⅱ 已经无力支撑整个公司。

作为公司业绩的晴雨表，苹果公司的股票也一直在下跌，最后跌至每股 15 美元。

# 从苹果公司离职

1983 年，斯卡利接受了苹果公司的邀请，成为苹果公司的总裁兼 CEO。

在刚刚开始的那段时间，斯卡利正好赶上"麦金托什"投放市场的美好时光，因此他的工作进展得很顺利。而这段时间，乔布斯与斯卡利的关系也非常融洽，两个人成了亲密无间的朋友，商业报道甚至称他俩为"动态二重唱"。

不久，苹果公司宣布历史上首次出现季度亏损，被迫裁员 1/5。一向自信的乔布斯面对如此狼藉的局面，也多少有些束手无策。

随后，苹果公司管理层开始总结公司出现赤字的原因，发现很多原因都是乔布斯的一意孤行和固执己见而为，甚至有人公开指出乔布斯在苹果公司的负面作用大于正面作用。

而斯卡利此时也意识到，他们两个人的合作并没有将苹果公司带上发展的轨道，相反公司的状况日益下降，要想重振苹果公司，必须对乔布斯有所动作。

这时，乔布斯与斯卡利之间的矛盾也逐渐浮出水面。

虽然斯卡利名义上是公司的总裁，实际上所有的权力都掌握在乔布斯的手里，本来很多需要向斯卡利汇报的工作，都要到乔布斯那里汇报。

斯卡利对乔布斯这种越权的行为很是恼怒，但由于初来乍到，斯卡利还是容忍了乔布斯的一意孤行。就像公司的人力资源部副总裁埃利奥特所言："我们雇用斯卡利是来指导乔布斯工作的，但是结果却正好相反，是乔布斯在教斯卡利如何做事。"

当时，乔布斯俨然成了苹果公司的真正总裁。

然而，斯卡利的忍让并没有改变这种情况，甚至越来越严重。尽管斯卡利为人从容、矜持、理智，但也无法长期容忍乔布斯的一意孤行和飞扬跋扈。随着苹果公司的亏损问题的出现，斯卡利决定亲自掌管苹果公司的一切。

于是，斯卡利不再听从乔布斯的"呼来喝去"，而是公开指出乔布斯的一次次决策失误，他要让乔布斯知道现在他才是苹果公司名副其实的 CEO。

斯卡利发现乔布斯在工作中存在着很严重的问题。乔布斯年轻有为，在公司里唯我独尊，一意孤行。而且他热衷于技术，不懂管理，再加上叛逆的性格，以至于他常常会作出一些违背商业规律的决策。在斯卡利看来，正是由于乔布斯决策和战略上的失败，才使苹果公司出现危机。

于是，斯卡利针对乔布斯工作中的失误给予了严厉的指责。

有一天，斯卡利当众指责乔布斯："史蒂夫，我认为，正是因为你在'麦金托什'的研发过程中不顾一切地追求完美，才使'麦金托什'错过了面市的最佳时机，而研发成本过高又导致它价格高昂。同时，你在'麦金托什'的外观设计上不惜重金的做法，也是造成'麦金托什'在市场上受冷落的原因。我看，你完全是从技术研发的角度来确定价格，而且在工作中那种残酷的完美主义，使你忽略了成本问题，以致'麦金托什'遭遇惨败。"

同时，斯卡利认为在"麦金托什"的销售上，乔布斯乐观的估计也是一项重大失误。

当时，乔布斯提出了一年销售 50 万台"麦金托什"的计划，按照常理这几乎是不可能完成的任务。很多人反对乔布斯疯狂的销售计划，而且公司市场部的两位主管对这一销售计划提出了公开质疑，并希望乔布斯能保持清醒的头脑，但乔布斯却利索地把他们免了职。

乔布斯总认为，他的销售战略是正确的，他们的产品可以适应市场需求。所以，他总是我行我素。

就像公司的一位副总裁所言："乔布斯所做的市场调查就是每天早晨看一看镜子里的自己。"

此外，为了扭转败局，乔布斯又错误地在电视上做了一则商业广告片《旅鼠》。这则广告的推出不仅没有起到作用，更为严重的是，《旅鼠》中提到的"麦金托什"Office 机型，苹果公司根本就没有研发出来。而这一重大决策失误，又一次让苹果公司陷入了危机之中。

而且乔布斯还拒绝其他公司仿造苹果计算机，而这实际上阻碍了苹果将其领先的技术标准转化为行业标准。所以说，是苹果公司的自我封闭，给 IBM 制造了发展良机。

这些决策上的重大失误让斯卡利看清了乔布斯，他评价乔布斯说："史蒂夫很有激情。他傲慢、蛮横、极端和苛刻。同时，他还不成熟，脆弱、敏感且容易受伤。他精力充沛、很有远见、魅力超凡，不过经常固执己见、态度强硬并且直率得让人无法忍受。"

所以，斯卡利决定罢免乔布斯在"麦金托什"项目组的研发负责人职务，以免错误决策再次发生。

而且当时更对乔布斯不利的是，他在苹果公司已经是众叛亲离，无论是董事会成员还是公司的员工，都站到了他的对立面。

董事会认为乔布斯在"麦金托什"研发组是多余的，而且他应该为"麦金托什"的失败负责。公司的一位副总裁麦克·默里在发给苹果公司高层的一份备忘录中说："公司出现的重大决策问题应该归咎于乔布斯的公司发展战略的失败，他的发展战略明显是以公司的生存为代价的。"

在大家的眼中，乔布斯就像是一个冷酷的赌徒，他把苹果公司的发展赌在上面，而"麦金托什"在某种程度上也只不过是乔布斯的赌注罢了，这让苹果的管理层无法原谅。于是他们坚决地站在了斯卡利一方，毫不犹豫地将乔布斯赶出了"麦金托什"研发组。

苹果公司的员工早就对乔布斯颇有意见，很多员工都难以忍受他冷酷、孤僻、暴躁、傲慢、一意孤行、自以为是的性格，在员工的眼中，乔布斯就是一个专制粗暴的领导者。

而乔布斯的个性也的确让他失去了员工的拥护和尊重，当初乔布斯被迫离开"丽莎"研发组后，在一次公开会议上，对"丽莎"计算机研发组成员说的第一句话是："你们真是一群饭桶。"而这句话激起了公司员工对他的憎恨和愤怒。

于是，在董事会上，斯卡利宣布让加塞取代乔布斯在"麦金托什"研发组的位子。经过这次调整，乔布斯被踢出了"麦金托什"研发组，而实权则被牢牢地抓在了斯卡利的手里。

虽然乔布斯被撤销了苹果公司的一切经营性职务，但斯卡利并没有"赶尽杀绝"，而是让他继续担任董事会主席。

通过这件事，乔布斯和斯卡利的矛盾冲突更加激烈，两个人从起初的合作伙伴变成了对方的"眼中钉"。

有一位旁观者描述说："斯卡利和乔布斯这种伙伴关系不会持久，偏激、善变的乔布斯拥有苹果公司近12%的股票，就会将同样偏激但却更加专注的斯卡利逼回东部。"

结果也正像这位旁观者所说的一样，两个人的关系很快就破裂了。不过，人们只想对了过程，却没有预测到结局。结局却不像那个人后半句所预料的那样，并且可能出乎所有人的想象，最终退场的不是斯卡利，而是乔布斯。

在乔布斯离开"麦金托什"研发组后，斯卡利开始准备进行一次中国之行。

被赶出"麦金托什"研发组的乔布斯非常不甘心，他就想利用斯卡利去中国的机会把他赶下台。当时他把自己的策划告诉了加塞，因为乔布斯对加塞很有好感，认为他是值得信任的人。

可是加塞却不这样想，在知道了乔布斯的计划后，他马上就将乔布斯的计划告诉了斯卡利。加塞说："在我看来，我说句公道话，苹果公司更需要斯卡利先生您这样一个管理者，而不是像乔布斯那样的一个脾气暴躁的领导者。我相信，其他人也是这样想的。"

加塞这句话给了斯卡利极大的信心，在得知了乔布斯的计划后，斯卡利立即取消了他的中国之行，并在第二天一早召开了紧急会议，这次他决定要给乔布斯"好看"。

事情的发展，埃利奥特作了形象的描述："我认为，他们俩简直就像小孩，乔布斯竭尽全力想赢得这场'宫廷政变'，而斯卡利行动起来也像一个被宠坏的小孩。他们两个都想把苹果公司纳入自己的麾下。"

在会议上，斯卡利愤怒地对乔布斯吼道："是我在管理公司，史蒂夫，我要你马上从这里消失，就是现在!"

乔布斯面对斯卡利的指控，立即用刻薄的口气回击说："我认为你对苹果公司没有什么好处，让你经营这家公司是个错误。"

接着，乔布斯对董事会的成员说："现在应该考虑一下斯卡利的问题，他该离开苹果公司了，他不知道自己每天都在做什么，我不能再忍受和他共事。"

在整个会议中，乔布斯和斯卡利不断地互相攻击……

在会议即将结束的时候，斯卡利忽然说道："如果乔布斯留在公司，我就会选择离开。"

乔布斯认为，自己是苹果公司的创立者，肯定会有大批的支持者站在自己一边。但事实是，在这个关键时刻，董事会选择了斯卡利，他们决定解除乔布斯的一切行政职务，包括他的"麦金托什"研发领导职务。今后，只让他担任苹果公司的董事长，不得介入具体的经营事务。

就这样，乔布斯被"贬"了。他被安排到苹果公司大厦对面的一座小楼里，负责苹果计算机的"全球战略"，但实际上这只是一个有名无实的岗位。

当时，很多人都担心地以为，乔布斯会在董事会上大骂一通，然后头也不回地离开苹果公司。

但令人跌破眼镜的是，乔布斯选择了忍气吞声，他搬到了那座小楼里办公，不以为然地坐在办公桌上说一些俏皮话，并自嘲说自己被放逐到了遥远的"西伯利亚"。

有好事者怀着好奇询问乔布斯被"贬"的滋味，乔布斯回应道：

我并不是一个天生就喜欢追逐权力的人，我只在乎苹果
公司的发展。我成年以后生活的大部分都投入到制造伟大的

产品和建立一家伟大的公司中。所以我将尽我所能促进苹果公司的成长。

可以这么说，如果苹果公司需要我扫地，我可以去扫地；需要我去清理厕所，我也可以去清理厕所。

对于一些人而言，当事情发生时是非常困难的。你必须非常强烈地思索你的内在价值——什么对你而言是真正重要的。当事情发生得很快时，你没有时间仔细思考，它可能扰乱你的思绪。

虽然当时乔布斯对未来很迷惘，但是这样毁灭性的打击并没有挫败乔布斯。离开了苹果公司的管理层后，他每天都打电话给斯卡利还有苹果公司的管理层，询问有没有他可以做的事情，他甚至还会默默参加苹果公司的例行会议。

但乔布斯的"示弱"并没有得到斯卡利和管理层的原谅，他们甚至将所有的错误全都推到了乔布斯的身上。

当时，苹果公司的经营状况非常糟糕，不仅苹果公司的股票持续下降，而且在 1985 年 6 月 28 日结束的那一季度，苹果公司亏损了 1720 万美元，营业收入比上一年同季度下降 11%。

几天后，苹果公司的季度会议上，斯卡利强硬地说："在公司里，已经没有乔布斯发挥作用的部门了，不论现在还是将来。"

乔布斯当时就坐在后排，他听到斯卡利的话后，感到非常震惊。似乎觉得有人揍了他的胃一拳，他一下子丧失了斗志，甚至无法呼吸，简直快不省人事了……

1985 年 9 月 17 日，乔布斯向苹果公司递上了辞呈，他选择了离开。随后，乔布斯陆续卖掉了他在苹果公司的所有股票，只保留了一股，并声称这样是为了得到苹果公司年度财务报告。

乔布斯其实是非常痛苦的，他私下对旁人说："最初，公司运作得很好。但是后来我们对未来的看法发生了分歧，总是争吵。当争吵得不可开交的时候，董事会总是站在斯卡利的一边。

"所以在 30 岁的时候，我被炒了，在这么多人的眼皮下我被炒了，我感到了毁灭性的打击，我才 30 岁，我希望自己能有继续创造一些东西的机会。至少有一家伟大的公司能满足我，不过苹果除外，我知道，它并不打算给我机会了。我在林间走了很久，那时我真的不想和人讲话。"

　　就这样，这位开创苹果公司历史并一直为"苹果"疯狂的人，戏剧性地被自己亲手请来的总裁踢出了家门。

# 重新成立公司

在乔布斯离开苹果公司之后，他发誓要创办一家完全属于自己的公司，他要向所有人证明：我乔布斯是不会轻易认输的！乔布斯对自己说："如果就这样认输，我就不再是乔布斯了！我要始终相信自己，我依然可以再次创造奇迹，拿出成绩给苹果公司看看，尤其是斯卡利！"

于是，在欧洲旅行数月后，乔布斯重整旗鼓，很快就成立了NeXT公司，决定东山再起。他要用最好的产品让自己的对手——无论是 IBM 还是苹果公司，都羞愧难当。

其实在乔布斯被迫离职之前，他就想到了这一点。因此早在当年6月份，乔布斯来到美国大学展开详细调查，请同学们描述最适合在大学中使用的计算机，试图寻找新的创业起点。

9月17日，乔布斯向苹果公司递交了辞呈，几天以后，当乔布斯与诺贝尔奖获得者斯坦福大学生物化学家保罗·贝格共进午餐时，贝格向他抱怨说："做基因拼接的真实生物实验非常困难，而模拟试验项目不仅价格高，而且软件也特别少。"

听到贝格这句话，乔布斯不由眼睛一亮，他意识到这是一个绝好的机会，他决定成立一家研发专供大学教育使用的计算机公司。

有了这个想法后，乔布斯一改往日的颓废，心中充满了创业的热情。他把自己要创办新公司的设想告诉了自己欣赏的员工们，希望他们能够和自己合作。

很多人，尤其是计算机领域的人，其实大都与乔布斯有同样的想法，想有机会研发真正了不起的计算机产品，期望能在完美的计算机产品上签上自己的名字。

而他们也知道，在苹果这样运作成熟的公司里，这种机会少之又少。如果在一个新成立的公司中，那就会大不相同，那里充满挑战，同时也充满了机遇。

乔布斯激情的鼓动再次起到了效果，一位苹果公司的员工说："我们每个人都想参与创业，我们希望得到机会研发了不起的计算机。"

乔布斯借机说："但是，在苹果公司已经不存在这样的机会了。"

于是，很快乔布斯就集合了 5 位员工向苹果公司递交了辞呈，其中包括美国区销售和营销部高级财务主管苏珊·巴恩斯、工程部乔治·克劳、高等教育营销经理丹·刘文、苹果公司电路专家费洛瑞旗·佩奇和软件工程经理布德·崔柏。

这 5 位员工都是苹果公司的得力员工，斯卡利在看到乔布斯提交的名单后，他感到非常害怕。斯卡利说："乔布斯欺骗了我们，事实并非像他所言不会带走苹果公司的重要人物，他所列的名单里有两位是苹果公司的高级工程师，一位是顶级的电路专家，还有两位是苹果公司出色的管理者。实际上，他们是苹果公司运转的核心力量。"

斯卡利认为乔布斯创办 NeXT 公司是一个巨大的阴谋，他是在报复苹果公司，报复自己。于是，苹果公司一纸诉状将乔布斯告上了法庭。

面对指控，乔布斯嘲弄道："他们害怕了，你很难想象，一家创立接近 10 年，坐拥 20 亿美元资产，拥有 4300 名员工的大公司居然会害怕我们这 6 个穿着蓝色牛仔裤的家伙，但事实就是如此！"

就这样，在一片质疑声中，1985 年，乔布斯带领着这 5 位苹果公司员工迅速成立了新公司，并命名为 NeXT。

乔布斯为了向世人展示他那天才般的创造力，他邀请了世界著名的建筑大师贝聿铭为大厦设计了一个楼梯，为此乔布斯花去了 100 万美元的设计费用。除此之外，乔布斯还向兰德支付了 10 万美元请他为自己的 NeXT 公司设计一个徽标。

从乔布斯为 NeXT 设计的超豪华办公场所和花费巨额资金设计的徽标来看，乔布斯依然是我行我素，追求完美。他还是很在意别人看来无关紧要的东西，并且不惜重金去将它们变得完美。而这样的思维模式在 NeXT 设计新型计算机的过程中也得到了延续。

同时，这也为 NeXT 计算机后来的失败埋下了伏笔。

乔布斯离开苹果公司的时候，拥有大约 650 万股股票。1985 年乔布斯抛售了 402.8 万股股票，获得了 7050 万美元现金。1985 年年底 NeXT 公司刚成立时，乔布斯投入了 700 万美元。但因为公司经营烧钱的速度非常快，至 1986 年年底那些钱就所剩无几了。

这时，苹果公司找到乔布斯说，要购买 NeXT 公司 10% 的股份，但乔布斯并没有同意，因为那并不是他的初衷。

没有资金，乔布斯就必须找到新的投资者，只有这样 NeXT 才能继续经营下去。为了寻找投资者，乔布斯向整个风险投资界发放了自己的招股说明书。他为自己的公司估价为 3000 万美元，他以 NeXT 公司 10% 的股份换取 300 万美元的投资。

但是，对于 NeXT 这样一个既没有产品更没有什么收入的公司来说，想要吸引投资是相当困难的。

1986 年 11 月的一个晚上，乔布斯再次遇到了他生命中的贵人，他就是罗斯·皮罗特。

当晚，皮罗特在看电视时，无意间看到一篇介绍 NeXT 公司的专题文档《创业者》。皮罗特对这个叫乔布斯的年轻人创立的新公司很感兴趣。第二天他就给乔布斯打电话询问了一些情况，并承诺："如果你需要投资者，请打电话给我。"

乔布斯万万没有想到，自己那么容易就幸运地找到了投资者，在等了一周后，他就迫不及待地邀请皮罗特到他的公司看看，与公司的员工见见面。

在皮罗特访问乔布斯的 NeXT 的空工厂时，乔布斯很懂得扬长避短，他并没有针对具体的数据，而是坚持让皮罗特考虑自己公司的无形资产。乔布斯这样的引资方式深深吸引了皮罗特，他打开自己的支票簿，直接问乔布斯需要多少钱。

当时，乔布斯要求皮罗特用 2000 万美元购买 NeXT 公司 16% 的股

份，并重新为自己的 NeXT 估价为 1.25 亿美元。

1987 年 2 月，皮罗特毫不犹豫地接受了乔布斯的条件，成了 NeXT 公司最大的投资者和董事会成员。

对于皮罗特的投资，很多业内人士并不看好。一位风险投资家说："计算一下，你就一定会认为皮罗特更多是在做感情投资，而不是谨慎的投资。"

但皮罗特非常相信自己的决定，对于这样的质疑他回应道："我是在做品质投资。"

有了资金的支持，乔布斯就开始着手进行研发工作，此时的乔布斯依然是疯狂地追求完美，追求创新。

一次，乔布斯去日本出差，在佳能公司的总部无意中发现了光盘驱动器。从日本回来后，乔布斯就立即宣布 NeXT 研发的新型计算机会采用最先进的光盘驱动器。对此，很多专家都认为，这种光盘驱动器的技术还不成熟，短时间内不可能推向市场。

可是，乔布斯一门心思想要研发出一款别具一格的计算机，他根本管不了那么多，为了追求细节上的完美，他坚持要在 NeXT 计算机中配置光盘驱动器。

乔布斯继续着自己的"完美"研发，为了让新型计算机的音质更加完美，乔布斯甚至让计算机和小提琴手进行二重唱。

当皮罗特看到乔布斯的工作状态后，感慨地说道："乔布斯及其整个 NeXT 团队是我见过的真正的完美主义者。"

因此，NeXT 的研发进行得相当缓慢，直至 1988 年 10 月 12 日，乔布斯才在旧金山交响乐大厅向媒体和大众揭开了 NeXT 计算机的面纱。不过乔布斯并没有认为 NeXT 计算机推出得太迟，他坚持认为："这已经比计划提前了 5 年。"

NeXT 一经面市就好评如潮，吸引了不少用户，这一度让 IBM 神经紧张。

NeXT 计算机拥有 25MHz Motorola 68030 处理器、可扩展为 16MB 的 8MB 主要内存、250MB 佳能光盘驱动器、Motorola 68880 数字协处理器和可以驱动实时声音的 Motorola 56001 数字信号处理器等装置，而这些装置都集中在一个边长为 12 英寸的立方体中，并配有 17 英寸的索尼黑白显示器、键盘和鼠标。

NeXT 计算机的运行基于 UNIX4.3 的 Mach 操作系统，以功能强大地面向对象的开发环境为特色。

另外，NeXT 计算机还配有一张光盘，其中包括完整的莎士比亚作品、词典、引用语书、技术文档、关系数据库服务器、人工智能语言、语言编译器、个人信息管理器和集成声音功能的图形电子邮件。

强大的技术支持，让乔布斯对 NeXT 计算机充满了信心。

媒体在介绍 NeXT 计算机时，也总会对它独特的黑色、粗糙的表面和 12 英寸的立方体镁质机箱大肆渲染，称其拥有醒目的外观。但事实上，数年前乔布斯就着手设计了一款黑色的计算机。

1981 年，苹果公司为视听教学的设备制造商生产了一种 Apple II 的特殊版。它与标准 Apple II 的不同之处就在于背板上额外加上了声频和视频连接器，而且拥有全黑塑料外壳。

设计 NeXT 计算机的过程，再次充分体现了乔布斯追求完美的性格。在乔布斯严苛的要求下，NeXT 计算机用了比预期时间更长的时间才开发出来，而且所用的研发费用也比最初的期望高出很多。

尽管如此，新闻媒体对 NeXT 计算机仍是"疼爱有加"，对其高度赞赏。《个人计算机》的编辑预言："NeXT 公司将在 18 个月内销售 25000 台计算机。"《加州技术股通讯》的编辑则预言："NeXT 计算机在两年内的销售量将会突破 50000 台。"

但是事情并没有向媒体所预言的方向发展，NeXT 计算机并没有得到大学市场的青睐。

按照乔布斯最初的设想，NeXT 计算机是一款专门针对大学学生的计算机，所以他计划将整个 NeXT 软件包直接销售给学校，由学校销售给学生和教师。

但是，由于 NeXT 计算机没有提供教育者所要求的功能，而且相对于个人计算机而言，它的价格又太过昂贵，所以在高等教育市场，NeXT 计算机的销售情况并不乐观。

遭到失败的乔布斯很快转移阵地，他与美国最大的计算机零售商做了一笔交易，允许 NeXT 在 3 年内销售 10 万台计算机，这无疑会在计算机行业刮起一阵狂风。

NeXT 的总裁兼 CEO 对此更是大胆预测："NeXT 接下来 12 个月的收入将超过康柏公司过去 12 个月的收入，康柏公司的业务大约为 1.5 亿美元。"

显然乔布斯为 NeXT 定下的这个目标实在太远大了，但是市场并没有接受 NeXT。虽然 NeXT 生产的计算机优雅、美观，而且在技术上有很多创新之举，但因为售价过高，注定了它在市场竞争中落败的宿命。至 1988 年年底，NeXT 计算机每月的销售量只有 400 台，1989 年全年仅售出 360 台。

正如《快速企业》的评价所言：

> 如果你制造的新玩意儿带不来现金，无法抵消成本并赢利的话，那么它就不能叫作创新，只能叫作艺术。

# 向好莱坞进军

乔布斯在创办 NeXT 的同时，还向其他领域拓展。

1986 年，乔布斯投入 1000 万美元巨资购买 Pixar，Pixar 公司原本只是卢卡斯旗下公司的一个计算机动画部门。卢卡斯一直希望可以通过这个计算机动画部门来改变动画特效的方式，但是在研发还没有什么明显的成效时，卢卡斯就遇上了大麻烦——他的妻子马西娅宣布要与他离婚。

按照加利福尼亚州的法律规定，他们每人都有权获得婚姻期间共同拥有的财产的一半。这对卢卡斯来讲是一件很为难的事情，因为他的财产是几家电影公司，他不想把公司交给马西娅。

于是卢卡斯提出直接支付现金，幸好马西娅在这方面没有意见。这样一来，卢卡斯就不得不向马西娅提供 3500 万美元至 5000 万美元的现金。

虽然卢卡斯身为好莱坞著名的大导演，素有"星战之父"之称，但是他一时也拿不出那么多的现金。从 1975 年第一部《星球大战》开始，至 2005 年第六部《星球大战》，票房一直都保持着极好的成绩，卢卡斯也从中获得了很多资金，但是那时资金都已经投进了他创办的电影公司中。

该从哪里筹集资金呢？卢卡斯将目光放在了计算机动画部门。最终他决定出售该部门，以获取现金，毕竟计算机动画部门是卢卡斯所有公司里唯一一个没有获利的部门。

除了没有获利之外，促使卢卡斯卖掉该部门的更大原因是，该部门的负责人卡特穆尔和史密斯一直都想要研发一种能设计动画的计算机，这与卢卡斯成立这个部门的初衷有所出入。

当然，其中最关键的一点，是研发需要大量的经费。就像卢卡斯自己所说的："我不想做研发业务，研发太耗费时间，并且消耗大量资金。"

在得知卢卡斯下定决心要卖掉计算机动画部门后，卡特穆尔和史密斯找到了卢卡斯，希望他可以把计算机动画部门作为一个独立的子公司出售，这个要求对卢卡斯来说并没有什么为难之处，因此很大方地同意了。

之后，卡特穆尔和史密斯就给这个公司起了个名字 Pixar。此外他们也参与了为 Pixar 寻找买家的行动。

在卡特穆尔和史密斯的大力推荐下，迪士尼公司的第二号人物卡曾伯格一度对这个"神奇"公司产生了浓厚兴趣，但是当听到卢卡斯要价 3000 万美元时，卡曾伯格就放弃了。3000 万美元的高价，这对当时那个计算机动画部门来讲确实太高了。

但是卢卡斯执意不肯降价，所以两年时间过去了，Pixar 公司还是没有找到买家。

早在 1985 年，乔布斯还是苹果公司的董事会主席，PIC 刚刚公布的时候，乔布斯就试图购买 Pixar 公司。那时他努力说服苹果公司董事会收购 Pixar 公司，但是苹果公司的董事们没有人对此感兴趣。

在那段时间里，通用汽车的子公司曾试图报价购买 Pixar 公司，但由于该公司要价很高，再加上子公司的皮罗特和通用董事会之间不和，最后这笔交易就没有成功。

直至乔布斯离开苹果公司，并创立了 NeXT 公司时，Pixar 公司还是没有卖出去，究其根本原因，或许就是该公司的老板卢卡斯要价过高了。

关于 Pixar 公司的状况，乔布斯自然也是了如指掌，他看好的不是这个公司，而是这个公司的 PIC，那是一种数字光学打印机的原型。

乔布斯虽然对这个公司的产品十分着迷，但他并不着急。乔布斯是个谈判高手，尽管卢卡斯要价很高，但他依然有办法让卢卡斯降低筹码。因此，在一连串的谈判活动中，乔布斯显得十分从容。

而卢卡斯就不同了，他急于卖出 Pixar 公司，好用换来的现金彻底结束自己的失败婚姻，因此卢卡斯选择了让步。

最终，乔布斯以 1000 万美元买下了整个计算机动画工作室——包括人员、计算机、软件。当然乔布斯方面也相应地做出了一些让步，他同意新公司研发的各种先进技术无偿地提供给卢卡斯的影业公司使用。

1986 年 2 月 3 日，乔布斯正式获得 Pixar 公司的大部分权益，其余股权分别由该公司的 43 位员工所有。

等到一切手续都办好后，乔布斯任命卡特穆尔为总裁，任命史密斯为副总裁。乔布斯自己则担任董事会主席，他不参与公司的日常事务，同时也不从公司中领取薪水。

乔布斯这一系列的决定和动作，在当时的商业人士看来是极其不明智的，因为 Pixar 公司是一家不仅没有什么收入且耗资巨大的公司。

通过这次交易，乔布斯获得了 Pixar 公司 90% 的股权，也就是说他是该公司的绝对领导人。正式入主 Pixar 公司之后，乔布斯虽然声明自己不参与公司的日常事务，但是公司的总体走向他还是要绝对控制的。

乔布斯认为，Pixar 应该继续加强硬件的研发，早日将他所期待的能制作动画的计算机推向市场。而卡特穆尔和史密斯显然与乔布斯的想法是不一样的，他们一直以来的梦想都是制作计算机动画电影，而且从未变过。

尽管如此，Pixar 公司在起初的发展阶段还是遵照了乔布斯的想法。因为乔布斯对 Pixar 公司的管理并不是很严格，所以卡特穆尔和史密斯可以私下里悄悄地继续他们的梦想，也正是由于他们的坚持，Pixar 公司日后才成为世界顶级的计算机动画制作公司。如果他们彻底遵从了乔布斯的指示，那么，该公司将可能还只会是乔布斯为公司配备的一个硬件部门。

实际上，乔布斯对 Pixar 公司最初的想法就是让其成为计算机硬件公司。除了自己对计算机硬件研发的痴迷之外，更重要的原因是乔布斯在硬件方面失败了很多次，这让他很不甘心。

当年在苹果公司的时候，乔布斯先是在"丽莎"项目上竭尽全力，但"丽莎"项目却成为苹果公司史上最失败的产品。之后，NeXT 公司生产的计算机也乏人问津。所以乔布斯把 Pixar 公司当作自己在硬件研发方面崛起的桥梁。

然而，Pixar 公司却没有顺着乔布斯的思路发展。

从本质上讲，在乔布斯收购 Pixar 之前，该公司给人的印象都是一家软件开发公司。因为这家公司几乎全部是用应用程序来制作动画图像，硬件只是它的附属部分，而且它已经拥有了最好的专门制作动画的计算机，利用这些计算机它完全可以达到自己所要的设计要求。

然而在收购该公司后，乔布斯却坚持认为 Pixar 已经具备把新型计算机推向市场的能力，他要把 PIC 计算机变成最畅销的计算机。

对卡特穆尔和史密斯来讲，研发或许是一件很简单的事，但销售就不同了。他们一点也不懂销售之道，在销售 PIC 计算机时，就像他们自己说的："我们就像在森林中失去方向感的孩童。"

不知是因为这个原因，还是因为 PIC 确实不适合在市场上销售，总之，PIC 计算机在市场的销售情况很不好。1986 年 5 月，公司开始以底价 12.2 万美元发售 PIC 计算机。

当时，乔布斯信誓旦旦地说："接下来的 4 年图像计算机将畅销，就像过去几年超级计算机成为商业现实一样。"

然而，市场的事实却狠狠地打击了乔布斯。1987 年，公司的总销售额还不到 100 台。至 1989 年时，也只售出了 200 台。

在这之前，乔布斯对卡特穆尔和史密斯在销售方面的才能是很有信心的。事实上与其说乔布斯对他们有信心，不如更干脆地说他对自己很有信心："我认为我能把卡特穆尔和史密斯变成商业管理人员。"

但经过连续两年的失败，乔布斯彻底放弃了这种想法。

计算机卖不出去，研发方面仍需大量的资金投入。在这种情况下，为了减少 Pixar 公司的支出，乔布斯决定关闭该公司的区域销售办公室，并将硬件工程师裁掉。

与此同时，乔布斯还任命卡特穆尔出任该公司的首席技术官并接替自己担任董事会主席。显而易见，这时的乔布斯已经放弃让 Pixar 成为硬件公司的念头了。

1989 年，Pixar 公司的主要业务由生产计算机转为图像技术业务。造成这一转变的最主要原因就是，卡特穆尔和史密斯让乔布斯看到了图像技术的发展前景。

在乔布斯忙着硬件方面的研发的时候，卡特穆尔和史密斯悄悄地利用图像技术完成了一部计算机动画作品——《顽皮跳跳灯》。这一作品在 1987 年的计算机绘图专业组展示大会上引起了巨大轰动。短短两分钟的动画短片震动了全场 6000 多名技术人员和动画设计者。

现场经久不息的掌声和人们的赞赏声，让乔布斯觉得很不可思议，他怎么也不会想到这样一个简单的小短片能引起人群那么大的反应。

之后，《顽皮跳跳灯》获得了旧金山国际电影节电脑影像类影片第一评审团奖——金门奖，并获得 1987 年奥斯卡最佳动画短片提名奖，这些更是让乔布斯没有想到的。

在这一连串的惊讶之后，乔布斯看到了计算机动画短片背后的巨大市场。

# 动画电影科技革命

乔布斯从来不缺乏冒险精神，而且他常常在危急的时候能大大赢上一把，他在 Pixar 公司的举动也毫不例外地一次次带给人们意外的惊喜。

虽然当时 Pixar 公司出现了严重的资金问题，但因为《顽皮跳跳灯》的巨大成功，乔布斯不但没有从动画短片设计部门裁掉一名员工，还投入了大量资金。

当时，乔布斯由于在 NeXT 公司和 Pixar 公司投入了大量资金，导致他个人的财富迅速下降，到后来，他甚至不得不卖掉自己心爱的跑车和一直住着的私人别墅。乔布斯把所有的资金都放在了动画短片设计部门。

可以说，乔布斯把自己所有的希望都押在了动画短片上，这不仅仅是一种商业行为，而且更像是一次赌博。

有了资金后盾的动画短片设计部门很快就推出了一部具有串联情节的动画电影《锡铁小兵》。从《顽皮跳跳灯》至《锡铁小兵》，Pixar 公司的动画都给人们带来了极大的震撼。

尤其是《锡铁小兵》，这部动画电影不仅使 Pixar 公司摆脱了资金方面的窘境，还让乔布斯获得了电影界至高无上的荣誉。

《顽皮跳跳灯》这个两分钟的短片让人们惊艳，而《锡铁小兵》这部情节连贯的动画电影则让人们不得不对乔布斯以及他的公司的印象大为改观。

1988 年，《锡铁小兵》更是一举拿下了"奥斯卡金像奖"。"奥斯卡电影奖"的一位评委对此感触颇深地说："他们把'奥斯卡金像奖'颁发给计算机动画短片《锡铁小兵》，这是有史以来第一次把奖项颁发给完全使用计算机制作的动画电影的制作人。"

Pixar 公司的计算机动画之所以能引起这么大的反响，最主要的原因就是他们的动画采用了一种自己研发的软件，从而使制作的动画不仅形象而且十分生动。

这种软件是计算机图像渲染体系。该软件是在卡特穆尔带领的研发团队中诞生的。最开始卡特穆尔加入到卢卡斯的计算机动画部门时并不会画画，但后来为了与史密斯一起制造计算机动画，他特意去学了画画。

卡特穆尔领导的研发团队是一个充满嬉皮士风格的团队，这一点让乔布斯十分喜爱。此外，卡特穆尔还是一个虔诚的教徒，虽然走路时腿有点瘸，说话也很慢，但他的能力确实是无人可及。为此，很多人都认为卡特穆尔看起来像是"高科技吉卜赛游牧部落"的老首领。

卡特穆尔的这些特点在很多地方都与乔布斯很像，乔布斯也曾疯狂迷恋过宗教，而且即使成了美国著名的企业家，他还是经常穿着短衫短裤就去参加董事会议。

或许是因为这些相似点，乔布斯对卡特穆尔非常重视。

而卡特穆尔也没让乔布斯失望，他领导的团队尽管充满了嬉皮士的味道，但是这个团队的战斗力却是世界一流的，从这个团队研发的软件就可以看出来。

这种软件实际上就是一种渲染软件，只不过它的渲染能力要远远超出其他软件。

制作一部计算机动画作品首先要安排好制作空间以及背景。对一个内部场景而言，具体的安排包括室内墙壁的设计、各种家具的形状及摆放位置。另外还要注意光线及事物的阴影等细节。这种软件就是为这些设计提供的最基本的工具。

当时市场上并不是只有这种软件渲染工具，但是这种软件却在市场占有绝对的优势。软件的火爆销售，为当时资金缺乏的 Pixar 公司提供了源源不断的现金流。

看到渲染软件在市场上的潜力后，乔布斯毅然决定："我们要再接再厉，研发并生产这种软件的升级版软件！"

1989 年，Pixar 公司先后发布了这种软件 3.1 版本和 3.2 版本。由于这种软件具有出色的渲染能力，越来越多的传媒公司接受了这个系列的渲染器。

2002 年 12 月，Pixar 在这样的大好形势下更进一步，发布了 RenderMan Ⅱ。

RenderMan Ⅱ一经面世，就被业界公认为是一流的电影和视频设计制作软件。

2004 年，Pixar 动画公司又隆重推出了 RenderMan Pro Server。此软件是该公司 RenderMan 3D 渲染软件的升级，捆绑了很多在影片和视频中经常用到的工具。

就像 Pixar 的一位高层所言："所有看过《海底总动员》的人都会惊讶于 Pixar 的动画师用这种软件所创造出的神奇效果。这样神奇的渲染工具现在每个客户都能够使用了。"

事实上，后来软件参与了很多电影大片的制作，如《玩具总动员》、《赛车总动员》、《哈利·波特》系列、《星球大战》系列，甚至迪士尼公司的经典动画长片《美女与野兽》《阿拉丁》等。据统计，到 2004 年为止，自 20 世纪 80 年代以来获得奥斯卡最佳视效奖提名的 39 部动画片中，有 35 部应用了渲染软件。

这种软件凭借其超级强大的渲染效果，已经被索尼及其他世界重量级的视觉特效公司认可并使用。

软件的大量应用，为 Pixar 公司带来了相当可观的利润，但相对于乔布斯在 Pixar 公司的投资来说，那些利润就算不上什么了。据有关数据显示，Pixar 公司每年因为这种软件可得到上百万美元的现金流，与此同时，乔布斯对该公司的投资已达到了 5000 万美元，约占到他个人财富的 1/3。

投入这样大笔的资金，是乔布斯在收购该公司时完全没有想到的。在讲到对 Pixar 公司的投资时，乔布斯这样说道："如果 1986 年我知道维持 Pixar 公司的经营需要多少资金，我都怀疑自己是否会购买这家公司。"

史密斯 1991 年离开 Pixar 公司，他在回忆乔布斯那时对 Pixar 的态度时这样说道："如果有人愿意出价 5000 万美元，乔布斯会把 Pixar 卖了。"

值得庆幸的是，当时并没有人愿意出那样大的一笔钱来购买 Pixar 公司，不然乔布斯可能就与动画电影无缘了。

最让乔布斯想不到的是，他一直希望 Pixar 公司成为硬件研发公司，但勉强把公司从资金黑洞中拉出来的却是软件研发。暂且不管公司的走向如何，乔布斯知道当务之急就是让公司摆脱在资金方面的困扰。

事实上，乔布斯一方面想解决资金问题，另一方面他还不肯放弃计算机梦想。

矛盾中的乔布斯找上了迪士尼公司首席执行官迈克尔·艾斯纳。与之前的做法相同，乔布斯也是用电话与艾斯纳取得了联系。在电话中，乔布斯不断地称赞自己公司生产的计算机是多么优秀，甚至还自卖自夸地说："迈克尔，您知道吗？我感觉，我们的计算机就是为迪士尼公司量身定做的。"

最后，乔布斯向艾斯纳提出一个请求："迈克尔，我必须去迪士尼公司看一下，并向你展示一下我们公司的计算机。"

或许是了解乔布斯的脾气，怕乔布斯每天都打电话给他，艾斯纳毫不犹豫地答应了乔布斯的要求。

按照乔布斯与艾斯纳约定的时间，这天早上，乔布斯带着两台计算机来到迪士尼公司。这两台计算机分别是 NeXT 的黑白计算机和 Pixar 的彩色显示计算机。乔布斯知道以迪士尼公司的实力，绝对能够让自己的两家公司都起死回生，于是在来之前，乔布斯做好了充分的准备。

乔布斯的长处之一就是善于演讲和说服别人，在迪士尼公司的演讲由于事先做过准备，所以非常精彩。

乔布斯先是给迪士尼公司高层展示了 NeXT 计算机，与此同时，乔布斯激情洋溢地说道："NeXT 公司的计算机是市场上技术最先进的计算机，而迪士尼公司是世界上最伟大的公司，所以，迪士尼公司应该购买 NeXT 公司的计算机，以此站在计算机变革的最前沿。NeXT 公司所做的努力也是针对这场伟大的变革。"

紧接着，乔布斯在大力夸赞自己的计算机的同时，也大大赞扬了迪士尼公司一番。

是人就爱听好话，这一点对于迪士尼公司的高层来讲也不例外，再加上乔布斯富有煽动性的言语，迪士尼公司高层当场就表现出了极大的兴趣。

迪士尼公司的第二号人物卡曾伯格在乔布斯介绍完 NeXT 计算机之后，激动地站起来说道："这宗买卖敲定了，像这样的计算机我们可能要买 1000 台。"

乔布斯当场听到这样的承诺，他在接下来的演讲中更有信心了。针对迪士尼公司在动画片市场的绝对权威地位，乔布斯在宣传 Pixar 计算机时，夸张地称 Pixar 计算机是"引领动画片发生变革的媒介"，并信誓旦旦地说："最终，制作动画将成为每个人都能涉足的领域。"

然而乔布斯没有想到，这句话却彻底激怒了迪士尼公司的高层。试想，如果每个人都能轻易涉足动画领域，那么迪士尼公司的权威地位又怎能保持呢？

可惜乔布斯没看到台下卡曾伯格的脸色已经越来越不对，仍然起劲地演讲着。

坐不住的卡曾伯格突然站起来打断了乔布斯的演讲，为了表示自己的愤怒，卡曾伯格用一种近乎冷酷的口吻说道："如果有人要和我的女儿约会，我的手里会准备一支枪。而假如有人要占有我的动画，我会让他彻底完蛋。"

这时，乔布斯才明确感受到了卡曾伯格的怒气。为了顾全大局，乔布斯并没有就此发表什么看法，而是冷静地将演讲作完了。

虽然经过了这一小段不太愉快的插曲，但最后，迪士尼公司还是订购了 1000 台 NeXT 公司的黑白计算机，至于 Pixar 计算机则一台也没有购买。

乔布斯的强硬个性在这时又膨胀起来，在这笔生意后，他决定要让自己的预言成为现实，让卡曾伯格看到动画领域并不是只有迪士尼公司才可以涉足。正是因为这种不服气的性格，乔布斯才不惜卖房卖车换取资金去投入动画制作的。

功夫不负有心人，后来，迪士尼公司也没有想到，这个年轻人会在短短几年里在动画电影界掀起一股难以抵抗的浪潮。在这场乔布斯引领的动画电影革命中，迪士尼公司不得不重新审视 Pixar 公司在动画方面的作为。

# 好莱坞的知名人物

正如乔布斯所期盼的那样，《玩具总动员》的上映让他再次回到了风光的舞台中央。

实际上，乔布斯是在《玩具总动员》已经开始制作之后才涉入Pixar公司日常管理的。虽然在这之前，乔布斯就一直是公司最大的股东，但是他不管理这个公司，由卡特穆尔担任公司董事会主席以及总裁的职位。

在看到《玩具总动员》的票房叫座后，乔布斯就从卡特穆尔手里接过了总裁职务，进入公司管理公司事务。

《玩具总动员》的横空出世不仅在市场上大获成功，也让乔布斯充分认识到发展动画电影的巨大利润。为了以后能在动画电影的行业里更快更好地发展，乔布斯在1995年就开始着手公司上市的准备工作了。

按照上市的步骤，准备上市的公司必须经过审核。

这一天，一大群律师和审计人员来到公司，他们的目的就是为美国证券交易委员会收集详细的财务资料。

然而令他们惊讶的是，公司作为一家合法经营的企业，竟然没有财务部！

原来，乔布斯为了减少公司的开支，削减了整个财务部门，只留下一名财务部员工，而这位员工还不是正式的会计师。这位员工虽然一直想要把公司的几本资料输入到计算机中，但遗憾的是他根本不会使用计算机。

这也就是说，从1991年至1995年间，公司的财务状况一直是混乱的。而且他们还听说，多年来，公司一直都是使用临时性的"家用支票本"来经营运转。

最让审计人员感到惊讶的是，乔布斯竟然想要用这样混乱的公司去申请发行出售 600 万股股票。在审计人员看起来这是难以令人置信的事情。

但这一切在乔布斯看来却是很正常的。乔布斯崇尚的管理之道一直都是右脑管理，即激发创意人才的潜力。这一点从外界对苹果公司的评价就可看出。在乔布斯还执掌苹果公司时，外界都称苹果公司是最有创意的公司，但同时也是管理最差的公司。

这就像斯卡利对乔布斯的评价："乔布斯根本不懂经营和管理，但却常常随意干涉公司的决策经营。"

乔布斯强调设计，强调个人消费电子，但是却从不注重管理，这也是公司财务状况之所以混乱的根本原因。

幸好没有基本的财务规范，对公司上市的影响并不大，1995 年年底公司成功上市并出售了 690 万股股票。上市为公司融到了大量的资金。

在上市前，乔布斯拥有的股票占发行在外的股票总数的 95.6%。首次公开发行结束后，乔布斯的 3000 万股股票的账面价值高达 11.7 亿美元，超过了他在苹果公司总部时所拥有的股票峰值。

有了坚实的资金后盾以及《玩具总动员》的成功经验，乔布斯在动画电影方面更加大胆，也更加有底气了。经过谈判，乔布斯很快就与迪士尼公司签订了 5 部动画片的合作协议。

之前签订《玩具总动员》合作协议时，由于公司急需迪士尼公司方面的资金，所以在利润的争取上，乔布斯几乎没有什么周旋的余地。但这次协议的签订就不一样了。公司已经摆脱了资金方面的困扰，拥有了与迪士尼公司平起平坐的底气。

这次的协议中规定，公司可以与迪士尼公司对利润进行平分，而且还拥有相同的权利对商业广告和片头广告进行收费。这样的情况是迪士尼公司没有想到的。

因为担心失去约翰·拉塞特这样的动画制作方面的人才，迪士尼公司最终还是同意了这样的一份协议。

公司之所以能够争取到公平的权益，除了公司自身实力的提高外，乔布斯出色的谈判能力在谈判中也起到了极其重要的作用。卡特穆尔坦白地说道："需要有史蒂夫这样地位的重要人物才能让我们与迪士尼公司进行平等交易。"

公司前营销执行主管帕梅拉·开尔文也大大肯定了乔布斯在这次交易中的作用："他有头脑、能力和厚脸皮保护公司的利益。他使公司能与迪士尼公司进行平等谈判。"

协议签订后，公司就开始动手制作动画电影了。1998 年，《虫虫总动员》诞生了，并于 11 月 25 日在美国发行。

该影片发行后，好评如潮，5 天内的票房收入就刷新纪录，达到4610 万美元，打破了迪士尼公司《101 斑点狗》在 1996 年感恩节周末创造的 4500 万美元的纪录。

这次的成功让乔布斯更是壮志满怀："我认为，公司有机会成为下一个迪士尼公司，不是替代迪士尼公司，而是下一个迪士尼公司。"

公司能否成为下一个迪士尼公司，人们还不能肯定，但大家能看到的事实就是公司之后的几部动画影片的确都取得了很好的票房成绩。

《玩具总动员 II》在 1999 年的感恩节发行，美国国内票房达2.45 亿美元，全球票房达 4.83 亿美元。《玩具总动员 II》是《玩具总动员》的续集，也是第一部续集票房收入超过原版票房的动画片。Pixar 公司和迪士尼公司最初的计划是将《玩具总动员 II》作为录像制品发行，但是后来经过商议还是决定在电影院发行，这才有了令人眼红的票房成绩。

2001 年 11 月 2 日，公司制作的《怪物公司》发行，立即取得了不俗的票房成绩，该影片后来成了有史以来票房收入居第二位的动画影片。

2003 年 5 月 30 日，公司发行《海底总动员》，它的票房收入创造了动画影片的最高纪录。这时公司的收入已经突破 25 亿美元，这使它成了有史以来最成功的电影制作公司。

面对着动画影片这样巨大的成功，乔布斯开始向迪士尼公司提出重新修改协议的要求，他希望公司能够获得更多的利润。

按照之前的协议，公司与迪士尼公司是平分动画制作成本和利润的，而额外的电影发行费用为迪士尼公司所有。乔布斯提出在新合同中独享动画片的发行利润，只给予迪士尼公司约10%的发行费用。

同时，乔布斯还要求迪士尼公司在电影发行5年后将发行权交还给公司。如果迪士尼公司同意签署这份新合同的话，那么迪士尼公司就等于成了公司的发行网络，利润也会大大减少。

这样"吃亏"的合同，迪士尼公司方面当然不会同意。

遭到拒绝的乔布斯很不甘心。在他看来，动画制作方面都是公司在操作，理应由公司收取更多的利润。乔布斯在媒体面前这样说道："并不是迪士尼公司的宣传和牌子令动画电影获得成功。我们与迪士尼公司的合作仅限于在电影的市场发行方面，而不是在电影的制作方面。"

之后，乔布斯更是多次在媒体前公开抨击迪士尼公司。

因为双方态度都十分坚决，2004年1月，迪士尼公司和Pixar公司的谈判还是终止了。

一波未平一波又起，Pixar公司与迪士尼之间的问题还没有解决，迪士尼内部管理层又出现了问题，先是原迪士尼公司副董事长罗伊·迪士尼辞职，接着罗伯特·伊格尔接替艾斯纳成为迪士尼公司新一任首席执行官。

伊格尔上任后，Pixar公司与迪士尼公司之间的谈判重新开始。在伊格尔的努力下，迪士尼公司董事会决定收购Pixar公司。

2006年1月24日，迪士尼公司宣布以74亿美元的价格收购动画公司，按照2.3：1的比例换购Pixar公司的股票。交易完成后，乔布斯在迪士尼公司持股7%左右，并以最大个人股东身份加入迪士尼公司董事会。

至此，Pixar公司和迪士尼公司的矛盾得到了彻底解决。

Pixar公司与迪士尼公司之间的问题并没有影响到动画电影的制

作和发行，2004 年 11 月 5 日，《超人总动员》在北美上映，3 周内累计票房高达 2.15 亿美元，与《海底总动员》持平，成为 2004 年最成功的电影之一。

《超人总动员》在国际上的票房更是喜人，3 天累计票房高达 4500 万美元，一举创造了迪士尼公司历史上周末国际票房的新纪录。

2006 年 6 月，Pixar 公司发行《汽车总动员》，影片上映 10 天，累计票房为 1.145 亿美元。

至此，Pixar 公司与迪士尼公司签订的 5 部动画片全部上市了。

影片能取得这样辉煌的票房成绩，与乔布斯重视人才有极大关系。他不止一次地公开承认公司最好的资产就是员工。乔布斯曾在《财富》杂志的记者面前说过这样的话：

苹果公司有十分出色的员工，但是公司是我所见过的才华出众的人才最为集中的公司。

为了保有这些最好资产，乔布斯总是尽力提拔并留住这些员工。2001 年 1 月 24 日，乔布斯再次任命合作创始人和首席技术官卡特穆尔为公司总裁。两个月后，公司与执行副总裁及两次奥斯卡奖得主拉塞特导演签订了为期 10 年的排他合作合同。

乔布斯知道自己在管理方面的缺陷，因此在对公司的管理上，他总是以最低程度去干涉公司的经营，更多的是交给其他员工。

对此，卡特穆尔曾正面谈过这个问题，他说："在苹果公司，史蒂夫是驱动一切的人物，他参与公司的经营非常深入，可能他是唯一能玩转苹果公司的人。但是，在 Pixar 公司，他不是电影制作人，他也没有尝试成为电影制作人。他没有参与公司的经营和事必躬亲，因为他意识到其他人有他所不具备的完全不同的技能，因此他让他们管理和经营公司。"

有一位编辑公正地评价了乔布斯："乔布斯最少介入的公司却让他积累了最多的财富。"

乔布斯恐怕也没有想到公司能为他带来那么多的财富和荣耀吧！

凭借着公司的成功，乔布斯获得了好莱坞大人物应有的地位和尊重。《玩具总动员》等一系列动画电影的成功，不仅使拉塞特成为与斯皮尔伯格、詹姆斯·卡梅隆等并称的好莱坞最会赚钱的十大导演之一，也让乔布斯成了与卢卡斯齐名的好莱坞名人。

乔布斯在面对媒体时自豪地说："我被赶出苹果公司时没有察觉，但是事后证明，从苹果公司被炒是我这辈子发生的最棒的事情。因为，作为一个成功者的快乐感觉被作为一个创业者的轻松感觉重新代替，对任何事情都不那么特别看重，这让我觉得如此自由，我进入了生命中最具有创造力的一个阶段。"

在提到计算机与动画之间的差别时，乔布斯郑重地说道："最大的一点差别就是 20 年前我们努力在计算机业务做的一切，现在都要放弃。现在没有人再使用 Apple Ⅱ。几年前，重新发行《白雪公主》时，我们就是数千万去观看的家庭中的一员。电影已有 60 年历史；我的儿子也喜欢它。我想 60 年后，人们将会喜欢《虫虫危机》。但我对 60 年后有人会击败'麦金托什'一点也不怀疑。"

由此可见，Pixar 公司给乔布斯带来了多大的成就感；乔布斯对动画电影的喜爱也由此可见一斑。

这时候的乔布斯已经彻底摆脱了之前的困窘和失败，他成了舞台中央光芒万丈的主角。

# 重回 "苹果"

创新无极限！只要敢想，没有什么不可能，立即跳出思维的框框吧，如果你正处于一个上升的朝阳行业。

—— 乔布斯

# 担任特别顾问

　　20 世纪的最后几年，随着《玩具总动员》等一系列动画电影的成功，不仅使拉塞特成为与斯皮尔伯格、詹姆斯·卡梅隆等并称的好莱坞最会赚钱的十大导演之一，也让乔布斯成了与卢卡斯齐名的好莱坞名人。

　　这时候的乔布斯已经彻底摆脱了之前的困窘和失败，几乎没有人会想到，如今功成名就的乔布斯会再次回到江河日下的苹果公司，然而现实就是这样的妙不可言。

　　这时候的乔布斯，已经不再是那个被自己创办的公司踢出家门的人了，他的 NeXT 在软件系统方面获得了巨大的成功，而且他本人也从一个 IT 精英成为影响娱乐行业的大鳄。

　　他创办的 Pixar 公司利用电脑制作了一部《玩具总动员》，而这部电影的横空出世不仅在市场上大获成功，而且也给传统动画影片带来了革命性的影响。接下来，《海底总动员》《超人总动员》等一系列的动画电影也都相继受到了人们的追捧。

　　乔布斯此时似乎早已经摆脱了从苹果公司被迫离职的痛苦，他说：

　　　　我被赶出苹果公司时没有觉察，但是事后证明，从苹果公司被炒是我这辈子发生的最棒的事情。

　　但事实上，他一直没有忘却苹果公司，一直梦想着有一天可以"衣锦还乡"。

　　相比乔布斯在 Pixar 公司的成功，苹果公司的发展却遇到了重重困难，举步维艰。产品上缺乏创新、技术上的落后以及连年的亏损让苹果公司已经走到了死神的身边。

这段时间，苹果公司已经连续换了 3 代领导人，斯卡利所倡导的"牛顿"项目不但没有为苹果公司带来巨大收益，反而让苹果公司耗光了自己的财力，他也只好引咎辞职。后来的总裁米歇尔·斯宾德勒在经过一系列没有效果的动作之后也离开了苹果公司，1996 年，他将苹果公司首席执行官的接力棒传给了吉尔·阿梅里奥。

吉尔·阿梅里奥是一位理学博士，不可否认，他是一位出色的商业管理人才，但他奉行的高度集权的、传统的、命令式的管理风格与苹果公司内部的轻松、叛逆氛围格格不入，他让苹果公司的员工更加无所适从。

虽然乔布斯早已离开了苹果公司，但他多年来所打造的"异样"的苹果公司模式和企业文化却始终没有改变。在苹果公司，阿梅里奥可以发号施令，但却很难推动执行。

虽然阿梅里奥有很强的管理能力，但是在这样的企业氛围中，他感到寸步难行。正如他所说的那样："当我走进苹果公司时，就面临 5 个重大危险：我们的现金低到了警戒线；产品质量差；下一代产品开发混乱；苹果公司这样一种以敌对而著名的企业文化几乎不可能进行管理；公司开发产品没有重点。"

有一次，阿梅里奥决定以 500 万美元的代价在汤姆·汉克斯主演的《碟中谍》中进行"麦金托什"计算机的营销，可是却遭到了广告部主管的反对。如果是在其他的公司，阿梅里奥完全可以命令员工依令行事，但是在苹果公司，中层管理人员经常会拒不执行高层主管的决策。

阿梅里奥对此痛苦地表示："多年来，员工已经学会把首席执行官视为外出演讲的人，自己来运营公司。"

祸不单行，正在管理方面发愁的阿梅里奥又遇到了严重的产品质量问题。当时一位日本用户在购买了 PowerMac 计算机后，遇到了屏幕爆炸的问题，并因此导致家中房屋被烧毁。

出现了如此严重的质量问题，迫使阿梅里奥不得不宣布大规模召回 PowerMac5300 计算机。

事后，阿梅里奥为了严防质量问题再次出现，试图在设计与制作流程中重新强化质量管理，但却遭到了苹果公司工程师们的一致抵制，他们认为自己做的是创意工作，不需要流程管理。

虽然遇到了这样的阻碍，但阿梅里奥决定不再妥协，他成立了"苹果公司可靠性及质量担保部门"，并采取了一系列的强硬措施，狠抓质量问题，并砍掉了很多生产线。

为节俭开支，阿梅里奥开始大规模裁员，最终裁去了15％的苹果公司员工。他还要求对故意降低公司账面价值的现象进行大额罚款，并强硬地要求整改。

尽管通过这些强硬措施，苹果公司的赤字有所减少，但依然无法改变苹果公司产品在市场上的销售持续下滑的局势。为此，阿梅里奥决定打开一片新的天地，他打算让软件开发者开发一款新一代的计算机操作系统，并希望能借助新软件系统让苹果公司渡过难关。

但是，阿梅里奥却一直没有在苹果公司内部找到能够带领工程师们研发新一代软件系统的领导人。于是阿梅里奥放弃了由苹果公司内部人员开发完美系统的想法，他决定向外界寻求合作。

随后，阿梅里奥宣布苹果公司想与其他公司合作开发新一代软件系统的消息。虽然苹果公司的近况并不乐观，但俗话说"瘦死的骆驼比马大"，苹果公司依然拥有强大的实力。所以当苹果公司宣布这一消息后时，很多公司都加入了这次操作系统的竞争大战。

在这些公司中，甚至包括微软公司，比尔·盖茨非常希望能够和苹果公司合作，因为他希望通过与苹果公司合作的契机，名正言顺地"剽窃"苹果公司的用户接口设计技术。而且阿梅里奥也曾经向比尔·盖茨透露，如果微软提供给苹果公司优秀的软件系统，苹果公司也会给微软提供同样优秀的其他东西。

因此，比尔·盖茨对于与苹果公司的合作显得异常热情，他天天打电话给阿梅里奥，甚至向阿梅里奥保证："为了尽快研发出新一代的苹果系统，我们将有数百人参加到研发中。"

面对比尔·盖茨的殷勤，阿梅里奥并没有被兴奋冲昏头脑，他十分明白比尔·盖茨的主要目的。

不过，虽然比尔·盖茨的来意不善，但阿梅里奥也深知，如果苹果公司与微软公司合作，他们也能从中获利不少，他陷入了矛盾之中。

最终，阿梅里奥经过再三考虑后，还是拒绝了和比尔·盖茨签署任何协议，因为微软公司与苹果公司积怨很深，如果他选择与比尔·盖茨合作，那些忠于苹果公司的人、苹果公司的员工、苹果公司的股民都会认为他是苹果公司的"叛徒"。

既然不能和微软公司合作，苹果公司又将目光转向了创意公司。

创意公司的老板不是别人，正是乔布斯恨透的一个人——加塞。虽然加塞当初出卖了乔布斯，"投奔"了斯卡利，但后来因为与斯卡利之间的矛盾，也已经离开了苹果公司。他利用苹果公司偿付的170万美元违约金，创办了一家名为 Be Inc 的公司，并研发出一款 BeOS 软件系统。

阿梅里奥认为 BeOS 软件系统的确很优秀，而加塞也自称他的软件是苹果公司最好的技术解决方案，于是两家公司很快进入到亲切会面的阶段。

阿梅里奥与加塞开门见山，直接询问价格方面的问题："说吧，加塞，作为苹果公司的老员工，你想要什么价格？"

加塞"爽快"地回答道："钱对于我来说不是主要的，我并不在乎价格。"虽然他一再强调自己看重的不是钱，但接下来，加塞还是提出了 2.75 亿美元的收购价格。

当时，苹果公司和创意公司合作的话题在美国所有媒体上传得沸沸扬扬，眼看着加塞就要回归苹果公司了，这时候最着急的莫过于乔布斯。

在乔布斯看来，如果不是因为加塞出卖了他，他也不会被斯卡利赶出家门，所以无论如何，他也不能忍受自己最憎恨的人回归苹果公司。如果加塞回到苹果公司，这无疑是在他的伤口上撒盐，于是他决定阻止阿梅里奥的收购行动。

乔布斯当然很清楚，阻止阿梅里奥最好的办法就是让 NeXT 来顶替加塞的公司，为苹果公司开发新一代的操作系统。而且这样，他不仅可以报复加塞，还可以让自己重返苹果公司。

乔布斯想到这里，于是迫不及待地和阿梅里奥取得了联系，他相信苹果公司对 NeXT 的软件系统一定会感兴趣。

很快，乔布斯就与阿梅里奥进行了会面，他为苹果公司分析了加塞公司所提供的软件的弊端。乔布斯充分发挥了自己的口才，他甚至用煽动性的口气对阿梅里奥说："吉尔，作为苹果公司最初的创始人，我从苹果公司的切身利益出发，如果苹果公司购买创意软件公司，就意味着一场灾难的开始。"

随后，乔布斯又向阿梅里奥丢出了巨大的诱惑，他说："如果你认为我的 NeXT 能为苹果公司做点什么的话，我会考虑任何可行的协议——采用 NeXT 的操作系统，甚至把 NeXT 卖给你们，总之是你们想要的一切。"

最后，乔布斯还向阿梅里奥强调："苹果公司需要我的公司，不仅仅是软件，你们肯定会想购买我的整个公司，雇用我的员工。"

这场会谈，让阿梅里奥心中的天平偏向了乔布斯的 NeXT。首先，因为 NeXT 研发的操作系统是当时市场上最先进的操作系统，虽然价格比较昂贵，但是依然很有吸引力；其次，乔布斯提出的价格也非常诱人，不仅可以以每股 12 美元购买 NeXT 公司的股票，而且和乔布斯合作，苹果公司会得到一个已经开发出来的优秀操作系统以及大约 300 名计算机人才，此外还有每年大约 5000 万美元的额外利润。

阿梅里奥向苹果公司管理层说："如果同加塞合作的话，这一切都是苹果公司不能得到的，而这些都是非常值钱的。"

所以，对于苹果公司来讲，选择与 NeXT 合作的确不是一件坏事。重要的是，在回归苹果公司的问题上，乔布斯显然比加塞更不在乎自己公司的价值。因为当时阿梅里奥对乔布斯说："我想我们公司的董事会肯定会接受每股 10 美元的价格，在这个数额的基础上你想再增加一分钱都不可能。"而乔布斯听了之后，他甚至连想都没想就同意了。

由此可以看出，在乔布斯的心中，公司的价格是无足轻重的，重要的是让他重返梦想中的苹果公司。乔布斯也只不过是想凭借 NeXT "回家"罢了。

对于这两个都渴望"回家"的"孩子"，阿梅里奥表现得还是相当慎重的，于是苹果公司决定，在董事会上以投票的方式决定对乔布斯和加塞回归的取舍。

最后，乔布斯以 184 分对 146 分击败了加塞。阿梅里奥后来说道："所有的一切都对史蒂夫·乔布斯和他的 NeXT 有利，加塞根本不是一个同等水平的竞争者。主管们投票给 NeXT 可以说是一个可以预知的结果。"

最终，苹果公司董事会决定以 3.775 亿美元现金，再加上苹果公司 150 万股股票收购 NeXT。

事实证明，尽管并购 NeXT 比收购创意多花了 1 亿美元，但这一切都是值得的，因为乔布斯的回归对苹果公司后来的发展起着至关重要的作用。

当时，全球各大报刊几乎都在头版刊出了"苹果公司以 4 亿美元收购 NeXT，乔布斯重回苹果公司"的新闻，乔布斯和苹果公司再一次站在了风口浪尖上。

刚刚回到苹果公司的乔布斯被任命为苹果公司的"特别顾问"，但他的目标远非如此。

当初把乔布斯踢出的苹果公司再次把他请到了苹果公司的舞台上，这让乔布斯内心感到由衷的满足和释然。时隔 10 年，乔布斯已然成熟了许多，虽然他还会穿着裤衩背心去参加董事会议，虽然他仍然对经营管理不屑一顾，虽然他对员工还是那样苛刻，但是，此时的乔布斯已经懂得如何弥补自己在管理上的缺陷和性格上的偏执，因为他要实现自己的愿望，带着自己创办的苹果公司走向梦想中的殿堂。

# 打赢回归第一仗

乔布斯终于回到了梦想已久的苹果公司，"回家"后的乔布斯，已经不再是 10 年前的那个年轻人了，10 年的磨炼让乔布斯成熟了许多，此时的乔布斯已经重燃了 20 年前的创业激情，就算没有苹果公司，他也是一位创业英雄。

所以，当乔布斯以"王者归来"的架势又回到苹果公司后，他要做的就是早日指引苹果公司的发展方向，把他开创的苹果公司从灾难中拯救出来。

很快，机遇再次降临到了乔布斯身上。

1997 年，吉尔·阿梅里奥辞去苹果公司 CEO 和董事会主席的职位，乔布斯"顺理成章"地成为苹果公司的临时 CEO。好不容易坐上了这个职位，或许这是天意，乔布斯自然不会轻易错过这么好的机会。

虽然乔布斯这时野心再度被点燃，但是在面子上，他表现得还是很谦虚的。他说："我同意参与苹果公司的经营最多 90 天，帮助他们直至找到新的 CEO。我同意成为董事会成员，这点我能做得到。"

但事实上，大家都很清楚，只要乔布斯在董事会任职，苹果公司就很难找到新的 CEO，因为他会千方百计地挤兑新 CEO。对乔布斯而言，没有任何人可以再次抢走他在苹果公司的地位和权力。

出任苹果公司临时 CEO 后，乔布斯就开始谋划着巩固自己的地位和权力。事实证明，乔布斯的确做到了！

首先，乔布斯在声势方面做了充足的准备。他在 1997 年 9 月 26 日的董事会上宣布苹果公司第三季度末亏损了 1.61 亿美元，公司收入下跌 28%，他甚至宣称苹果公司时刻面临着倒闭的危险。乔布斯发布这样耸人听闻的言论无非是要为接下来他的行为做铺垫，这是他的策略，也是目的。他要让所有人知道，只有他乔布斯才能使苹果公司转亏为盈。

乔布斯的"扰乱人心"战术收到了预期的效果，他顺理成章地成功地"夺回"了权力。

乔布斯回到苹果公司，尤其是坐上了 CEO 的位置后，就开始重建他在创建苹果公司时建立的核心价值观，他为苹果公司定下了明确且与其他公司有所不同的目标。在工作中，他始终坚持将创新和设计放在重要的位置，在他看来，苹果公司计算机设计出来就应该是一件艺术品。但是此时的他经过 10 年的市场磨砺，已经懂得了一切创新和设计都是要面对市场的检验的。

1998 年，苹果公司在乔布斯的带领下推出了"艳惊四座"的 iMac 计算机。iMac 计算机一经面市，就因为它与众不同的外形、简单方便的操作以及低廉的价格受到了广大消费者的拥护。

虽然乔布斯对软件还是一窍不通，但这并不妨碍他在 iMac 计算机的设计过程中作出突出贡献。苹果公司 iMac 计算机的设计师纳森·伊夫就曾这样评价乔布斯的设计思想："从一开始，乔布斯便主导着产品的设计方向。乔布斯对于产品该有什么样的特性，有着非常清楚的概念，不管是功能性，还是价格和市场，在各个方面都是如此，甚至于就设计方面来说，他对于产品应有的外观，也有自己的见地。"

乔布斯的设计才能首先充分展现在了 iMac 计算机的外形设计上。在设计 iMac 计算机的时候，乔布斯为了让它看上去更加多姿多彩和与众不同，他甚至亲自带领设计团队进入糖果工厂，向糖果公司的包装专家讨教如何制作漂亮的软糖。

iMac 计算机的出现，无疑又一次重新定义了计算机的外形，让所有人都眼前一亮，而这正是乔布斯所追求的。正是在乔布斯的努力下，人们才终于见识到像糖果般漂亮的计算机，用乔布斯自己的话来说："iMac 计算机就是一款让你想舔它的计算机。"

乔布斯在设计 iMac 计算机的时候，再次将他的"完美主义"发挥到了极致。

当乔布斯看到太阳微系统公司和 IBM 推广的网络计算机相继失败后，乔布斯改变了原来的计划，他坚持 iMac 计算机的机箱要一体成型。可是依靠当时的技术要制作出一体成型的产品是非常困难的。

对于乔布斯这样一个不喜欢认输的人而言，没有什么是不可能的，他坚信自己的团队可以做到，他的 iMac 计算机可以做到。他甚至挑衅地说："我知道我要什么，我知道他们要什么。"

最终，在乔布斯的带领下，iMac 计算机真的实现了一体成型的目标。这种新机型拥有流线型半透明的塑料机身和明亮的颜色，无论从哪个角度来看，iMac 计算机都令人叹为观止。

如果说乔布斯回到苹果公司后有什么改变，可能最大的改变就是学会倾听他人的意见了。

在 iMac 计算机的配置设计中，乔布斯依然大胆地创新着。在乔布斯看来，计算机传送信息和数据完全可以通过互联网或者电子邮件，没必要用软盘存储信息。所以在设计 iMac 计算机的时候，他要求只在机箱里面安装一个 CD 存储驱动器。

对此，乔布斯并不是如以前那样一意孤行，而是询问了研发组专家的意见。很多专家也认为，软盘早已落伍，可以不再需要了。于是经过慎重决策，iMac 计算机没有安装软盘驱动器。

可以说，正是由于乔布斯准确把握了计算机行业的发展趋势和大胆创新，才使 iMac 变得如此出色，如此完美。

在乔布斯的领导下，苹果公司终于推出了众望所归的 iMac 计算机。iMac 计算机不仅拥有独特、炫目的外观，而且装配完整，操作简单，可以联机上网。最重要的是，iMac 计算机价格也不贵，每台售价仅为 1299 美元。

对于这样一台优秀的计算机，乔布斯曾经赞赏道："我们设计的 iMac 计算机提供给了消费者最为关心的功能——让人振奋的互联网功能和'麦金托什'的简洁，价格才 1299 美元。"

而对于 iMac 计算机的市场前景，乔布斯更是放言："苹果公司又要重新盈利了！苹果公司将重新成为计算机的主角！"

苹果公司推出的 iMac 计算机是一台以上网为主要用途的"麦金托什"机型，iMac 计算机配有一个 15 英寸的彩色屏幕、两个扬声器以及一台光碟机。它的外形很具吸引力，整体被设计成圆弧造型而且一体成型，半透明蓝色塑料外壳，完全打破了 PC 机一成不变的灰白色外壳的传统。

iMac 计算机所具备的这一切，使得 iMac 迅速成为流行时尚的代名词。用乔布斯自己的话来说："iMac 是属于明年的电脑，能卖 1299 美元。它不是去年的电脑，只卖 999 美元。"

如乔布斯所预言的，iMac 计算机在市场上一炮打响，很快就成了人人追捧的计算机。在 iMac 计算机的销售过程中，乔布斯还创造性地将笛卡尔的名言"我思故我在"变成了 iMac 的广告语"Think There For iMac！"。

在 1998 年 6 月 15 日至 7 月底的 6 周内，苹果公司总计卖出了 27.8 万台 iMac 计算机。一年多一点的时间，苹果公司就销售出了 200 万台。在短短的 3 年时间内，苹果公司就卖出了 500 万台 iMac 计算机。据有关资料显示，在 iMac 计算机推出之后的前 139 天里，平均每 15 秒钟就卖出一台 iMac 计算机。

塑料外壳包装、极具个性化的 iMac 计算机重新点燃了苹果公司拥护者们的希望，它成了当年最热门的 IT 话题。1998 年 12 月，iMac 计算机荣获《时代》杂志"1998 年最佳计算机"称号，并名列"1998 年度全球十大工业设计"第三名。

凭着 iMac 计算机的成功，苹果公司顺利渡过难关，1998 年就盈利 3.09 亿美元；至 1999 年 1 月，乔布斯宣布去年第四季度盈利 1.52 亿美元，这个数据让所有的苹果公司员工都感到无比的自豪，因为这是苹果公司 3 年来首次获利。

此外，由于苹果公司的盈利超过了华尔街预测的 38%，因此苹果公司的股价开始迅速攀高，从 1997 年的每股 13 美元迅速上升至每股超过 46.5 美元。

乔布斯再一次向世界证明，少了乔布斯苹果公司可能已经不存在了。所有这些都证明了乔布斯产品战略的成功。他说自己不在乎市场占有率，因为他所在乎的东西都在市场上为他挣足了面子。

在乔布斯的领导下，苹果公司乘胜追击，此后不断推出新产品。

1999 年，苹果公司又推出了被媒体称为是"苹果公司五彩糖"的第二代 iMac 计算机，它有着红、黄、蓝、绿、紫 5 种水果颜色。极具创意的 iMac 计算机二代一面市就受到了消费者的热烈欢迎。

就像《快品牌》所评论的：

苹果公司的产品绝对是所有营销者的梦魇，在苹果公司面前，一切创新、创意、明星产品都黯然失色。

同年，苹果公司还研发了 iBook 笔记本电脑。这款价格低廉的笔记本，拥有和 iMac 计算机相同的 5 种颜色，造型也十分漂亮，人们称它为"可移动的 iMac 计算机"。

1999 年 10 月，iBook 笔记本电脑获得"美国消费类便携计算机"市场第一名，还在《时代》杂志举行的"1999 年度世界之最"评选中荣获"年度最佳设计奖"。2000 年，iBook 笔记本电脑已经成为美国最畅销的笔记本电脑。在新闻发布会上，乔布斯兴奋地拿着笔记本电脑展示给记者们看。

接着，苹果公司计算机在 PC 市场上的占有率也从原来的 5% 增加至 10%，而 2000 年苹果公司的收入也达到了 61 亿美元。

乔布斯除了使苹果公司在硬件市场上大获成功外，他在操作系统软件研发方面也始终没有放松。

1998 年第三季度苹果公司推出了 Mac OS8.5；同年 10 月 22 日发布了 Mac OS9；至 2001 年 1 月 5 日，乔布斯在旧金山举办的 Macworld Expo 大会上，他又向公众展示并发布了 Mac OS X，这个系统具有透明的浅绿色用户界面、崭新的 Dock 和经过修订的 Finder。

就像《财富》杂志的评价：

乔布斯将真正的赌注押在了 Mac OS X 系统上，这是一款依靠 NeXT 的成功而开发出的新型操作系统，经过近 1000名电脑人才的苦战才研发出来，它简直就是保时捷汽车与"艾布拉姆斯"主战坦克的混合。

　　Mac OS X 操作系统带有漂亮的图画图案以及大量建立在工业级代码基础上的有用的新奇功能，它使得应用程序的编写过程更加简单，程序运作更加稳定，与录像机以及其他消费产品的连接使用也更加简捷。

　　乔布斯对媒体自豪地说："Mac OS X 是自 1984 年推出'麦金托什'操作系统之后，苹果公司推出的最重要的软件。消费者将对 Mac OS X 的简洁欣喜不已，并对它的专业感到吃惊。"

　　在短短两年的时间内，苹果公司就在乔布斯的带领下进入了第二次快速发展的阶段，而乔布斯也因此从"临时 CEO"成为苹果公司真正的当家人。

　　乔布斯的努力和执着也收到了回报，他再一次成了人们追捧的偶像，不仅员工给予他至高的赞赏和崇拜，董事会更是奖励给他一架飞机。

　　对此，董事会成员伍尔德解释说："自从乔布斯返回苹果公司后，苹果公司在他的带领下从市值不到 20 亿美元增长到超过 160 亿美元。而乔布斯却没有领取任何薪水。因此，我们很乐意给他这架飞机，以奖励他在此期间为我们股东所做的出色工作。"

　　乔布斯回归苹果公司之后，依靠 iMac 计算机打了第一场翻身仗，获得了巨大的成功，但他并没有沉浸在胜利的喜悦之中，他还有更远大的目标需要实现……

# 迈向音乐市场

iMac 计算机是乔布斯回归苹果公司之后的一场翻身仗，而且他在之后的一系列产品都获得了巨大的成功。可以说，乔布斯做到了真正的"王者归来"。

但乔布斯就是这样，要么就不做，要做就做老大！他并没有沉浸在胜利的喜悦之中，他说："我要取得和康柏公司同样的销量。"要知道在 1998 年的时候，康柏公司是一家一流的个人电脑厂商，销售量是苹果公司的好几倍。

2001 年，对乔布斯而言又是一个"丰收年"。

这一年，他凭借着 iPod 进军音乐领域，从而掀起了一场颠覆传统音乐收听方式的革命。iPod 的出现，让苹果公司摇身一变，成为全球音乐产业界的关键角色，而乔布斯也一举成为音乐市场的领军人物。

新世纪之初，人们收听音乐大多是通过随身听，当时最为普遍的就是索尼随身听，它几乎成了音乐产业的代名词。

但对乔布斯而言，他从来都不怕挑战传统，尤其是在这个充满机遇和挑战的音乐领域，他一直关注着市场的动向。这时他发现，市场上出现了更为便携的音乐存储播放器，它比随身听的体积更小，而且不需要磁带，只要将歌曲存储到里面就能收听。但是因为价格昂贵，这种数字播放器并没有成功打开市场。

当时，尽管业内很多人都认为它的发展前景并不乐观，但乔布斯却坚信人们一定会爱上这种便携式数字播放器。

于是，乔布斯毅然决然地砍掉了苹果公司正在研发的新型计算机，转而集中全力研发性能更好、价格更便宜的音乐播放器。

可以想象，乔布斯的这个决定是非常艰难的，可以说这是苹果公司孤注一掷的赌注，因为苹果公司曾经冒险推出过几款消费电子类产品，最后都只是草草收场。

正因为如此，乔布斯对设计研发这款音乐播放器更是努力，更是用心，对自己的要求更是严苛。他希望这款产品不仅要操作简单，达到与计算机高速互动，同时要具有完美华丽的外观。

乔布斯要求的这款播放器，在苹果公司研发团队的努力下不到9个月就宣布完成了，乔布斯将它命名为 iPod。

iPod 能获得这样大的成功，是因为苹果公司员工确实在其中下了大功夫。当初为了设计出 iPod，苹果公司的工程师们按照乔布斯的想法加班加点。

用乔布斯自己的话说：

我们都希望随身携带全部的音乐数据库。产品团队展开了非常艰辛的工作。他们之所以这么卖命，就是因为我们都需要一个这样的产品。

iTunes 和 iPod 的首席软件设计师杰夫·罗宾也对乔布斯的话深有同感，他说："我记得当时每天晚上都和史蒂夫他们从9时一直坐到深夜1时，为第一代 iPod 编写用户界面。这款软件在不断测试和出错中一天天简化，直至我们彼此注视着说'好了，我们不可能再有更好的改进了'。这时候，我们知道事情搞定了。"

乔布斯的坚持和努力换来了成功，在 iPod 的发布会上，乔布斯自豪地夸耀道："苹果公司研发出了新一代数字音乐播放器，它能够把你的全部音乐都放在你的口袋里，不论你走到哪里都可以欣赏这里面的音乐。"

乔布斯为了让 iPod 的外观看起来更有艺术感，他在 iPod 白色的外壳之上增加了一层透明的塑料。这种设计被称为"共铸"，可以为产品带来纵深感。当时为了找到这种艺术般的技术，苹果公司的设计团队深入工程师、市场营销人员的队伍当中，甚至与远在亚洲真正将产品生产出来的制造商进行密切的合作。

除了一流的设计，乔布斯还坚持让 iPod 拥有最为简捷的操作软件和用户界面，在这方面，乔布斯和苹果公司的团队把它的简单和易用性做到了极致。

乔布斯曾经常强调："苹果公司最擅长的工作就是使复杂的应用程序变得更加简单，并且使它们在应用过程中拥有更强大的功能。"因此，他们希望更简单的界面能够带领更多的人进入数字音乐的革命过程中。而 iPod 无疑就是这种"简单的革命"的产物。

与 iPod 匹配的 iTunes 音乐软件简化了歌曲的收录和压缩过程，更重要的是，iTunes 是一个功能强劲的独创性数据库，它提供了许多方法，可以对上万首歌曲进行分类，并能在一瞬间找到特定曲目。

在接受《财富》杂志采访的时候，乔布斯用了一句话来概括 iPod 的操作："将它接入。嗯，搞定！"

乔布斯经常强调用户体验，他曾经说过，iPod 的出发点并不是一个小型的硬件或者新的芯片，而是用户体验。为了达到最好的用户体验，乔布斯会不断降低产品的复杂性，使这些产品尽可能简单和易于使用。

此外，在硬件设计上，乔布斯也将简单做到了极致：

第一，通常大多数的电子产品上都会有螺丝孔，但 iPod 没有，实际上它的外观上甚至没有可见的螺丝；第二，在大多数产品上，都会粘贴一大张印有条码和检验章的标签，而在 iPod 上，这一切都被精致地刻在产品背面的底部；第三，大多数科技产品在塑料或金属接口之间有很大的缝隙，通常为 1/4 微米，但苹果公司的产品没有缝隙，它的分界线是真正的线条，而非缝隙。

在乔布斯看来，设计是不容忽视的，它是人工创造的基本精神。所以乔布斯比任何人都在乎产品的外形，而 iPod 也的确实现了乔布斯的目标。它的工艺水平可谓是匠心独具，异常精致。极具设计美感的 iPod 就像一件艺术品。市场中凡是真正打动人心的产品都是有"精神"、有"气场"的，而 iPod 无疑就是这样一款产品。

除了完美的设计，iPod 的功能也很强大。32MB 的内存，同时还内置了一个容量达 5GB 的硬盘，可以存储 1000 首歌。

更重要的是，拥有如此功能和外观的 iPod 售价仅为 399 美元，因此 iPod 受到了众多消费者的追捧。

iPod 一经面市，就凭着一流的设计、卓越的性能以及易用性吸引了大批消费者。

为了更好地推广 iPod，苹果公司在品牌营销方面也让人眼前一亮。在 iPod 的广告短片中，我们可以看到一个黑色的剪影人在颜色鲜艳的背景里，随着 iPod 的音乐节奏舞蹈，这其中，iPod 独特的白色耳机线非常抢眼。

iPod 的"剪影人"广告引发了广泛讨论，有不少品牌分析人士写了大量的文章解读这一现象。就如一位分析人士所言："乔布斯特别擅长品牌营销，他几乎是从一开始就极力宣传苹果公司文化，并将其塑造成优雅而限量的精致工艺产品文化。"

除了做广告，2002 年 7 月，苹果公司还推出了第一个与 PC 机兼容的 iPod，而目的就是要扩大 iPod 的适用范围。同时，苹果公司还推出了 iTunes 音乐商店来提高 iPod 的销售量。

乔布斯还凭借着自己的个人魅力，说服了索尼公司、华纳兄弟公司、环球音乐公司、百代公司和 BMG 唱片公司为 iTunes 音乐商店提供音乐作品。

iTunes 音乐商店开张后，iPod 的用户就可以通过连接 iTunes 下载音乐作品。尽管 iTunes 音乐商店被《财富》杂志评选为"2003 年度最佳产品"，可事实上，iTunes 音乐商店是不赚钱的，它只是销售 iPod 的一个渠道。就像《纽约时报》所报道的："就某种意义而言，这代表苹果公司愿意尝试重新架构整个音乐业务，以推动 iPod 的发展。"

在苹果公司的多重推动下，iPod 在 2001 年的销售量就达到了 10 万台，至 2002 年，销量上升到 160 万台，较前一年的增长率超过 100%，这一年，苹果公司在数字音乐的市场占有率一举超过了 50%。

2003 年，iPod 的热销，依然为苹果公司带来了巨大的利润。2004 年，全球 iPod 的销售额突破了 45 亿美元。

至这时，iPod 这种小型能装在口袋里的播放器的销售额已经远远超过了苹果公司的主打产品，在影响力方面也远远超过了苹果公司的计算机。iPod 成为一种符号、一个宠物以及身份的象征，iPod 几乎形成了一种文化。

2003 年，乔布斯在他的办公室接受《滚石》音乐杂志采访时，骄傲地说："我所遇见过的艺人，几乎每个人手里都有一台 iPod，我所见过的唱片公司老板，也几乎人手一台 iPod。"

对于 iPod 的热销，乔布斯认为有着更深远的意义。2008 年，乔布斯在接受《财富》杂志的采访时，说出了 iPod 成功的非凡意义：

> 有一段时间非常痛苦，因为出于各种原因，许多人并不接受"麦金托什"电脑，他们投向了 Windows 的怀抱。我们确实非常努力地工作，但我们的市场份额却始终没有起色。
>
> 有时你不禁怀疑自己是不是错了，也许我们的东西不够好，尽管我们自认为还不错。或许人们并不在乎，而这则更加令人沮丧。
>
> 结果 iPod 证明，我们从操作系统的玻璃天花板底下走出来了。iPod 意义非凡，因为它表明苹果公司的创新、苹果公司的工程学、苹果公司的设计的确至关重要。
>
> iPod 占领了 70% 的市场份额。在经历了这么多年的艰辛劳动，而且目睹了"麦金托什"电脑的市场份额始终徘徊在 4% 至 5% 之后，我很难告诉你这对苹果公司来说有多么重要。这对所有人来说都是一针强心剂。

iPod 的成功，证明了苹果公司不仅擅长打动那些已经拥有"麦金托什"电脑的用户，而且也能掳获所有消费者的心。iPod 不仅引爆了外部的流行潮流，更关键的是它同时也是一个内部引爆点，它引爆了乔布斯所坚持的"科技＋人性"的战略。

乔布斯对此深有体会，他说："它让苹果公司从过去的'科技竞争'这一条狭窄的通道里走了出来，而且对苹果公司的创新、工程学、设计都产生了至关重要的影响。"

苹果公司是极少数能把客户纳入品牌传播体系中的公司，在重回苹果公司之后，乔布斯试图与顾客共建品牌。这其中的关键是苹果公司负责引爆市场，而广大顾客则免费参与传播。

而 iPod 也确实体现了苹果公司的企图——简单、方便与友善，而且赋予了消费者更高的"权力"。英国萨塞克斯大学媒体与文化研究教授布尔在研究了上百位 iPod 使用者的消费行为后指出：

iPod 正在改变现有的音乐消费方式。

首先，iPod 让消费者拥有更庞大的音乐控制权；其次，使用者可以自行编排播放清单，成为自己的音乐编辑，而不是依据唱片公司专辑所定下的播放顺序；最后，经典的单曲会因为 iTunes 下载排行的机制一再成为畅销金曲，而不会因为专辑过时被淘汰。

随着 iPod 的火爆销售，苹果公司的计算机销量也得到了提高。很多用户因为 iPod 知道苹果公司，从而纷纷将个人计算机更换为苹果公司的"麦金托什"。

所以说，iPod 不仅为苹果公司打造了一个新的产业，也带动了传统计算机产业的发展。而苹果公司之所以可以获得这样的成绩，其中主要的原因之一是，苹果公司不仅是音乐产品里最具创意的公司，同样是科技产业里最富创意的企业。

# 涉足手机领域

2001 年，就像乔布斯在推出 iPod 时所说："有了 iPod，听音乐再也不是一成不变的事了。"

对他本人而言，有了 iPod，以后的路也不再是一成不变了。除了计算机、电影动画以及音乐领域，乔布斯还要踏入第四个产业、第五个产业，而且一样要成为行业内的领军式人物。

2007 年，也就是"苹果电脑公司"改名为"苹果公司"的这一年，乔布斯再一次以具有革命性的产品影响了世界，震撼着人们。已经 52 岁的乔布斯并没有被岁月磨灭创新的热情，相反他想要改变世界的想法越加强烈了。

在乔布斯拿出 iPhone 之前，业界对手机的想象似乎已经到了一个极限，但这时候的乔布斯却展现了另一种石破天惊的想象力。在他看来，传统的手机和掌上电脑并不是苹果公司进入手机行业的理想切入点，他的目标是外形时尚、操作简单独特、功能强大易用的创新智能手机。

虽然市场上的手机商已经很多，但乔布斯并不担心，他鼓舞员工们说："我相信，如果苹果公司依靠其创新精神，一定可以再次创造奇迹，就像 iMac，就像 iPod 一样。"

事实也证明，乔布斯的确做到了。

为了研发出梦想中的 iPhone，苹果公司专门设立了由乔纳森·伊夫主持的研发团队，团队将大量精力放在了 iPod 和 iTunes 的研究上，同时参考之前的产品 Newton Message Pad。在整个团队的倾力合作下，历经 3 年，iPhone 终于不负众望地出现在大众面前。

2007 年 1 月 9 日，在苹果公司的年度系列产品大会上，乔布斯向世人展示了苹果公司即将推出的 iPhone 手机。iPhone 手机一经面市就后发制人，受到了广大消费者的追捧。

iPhone 手机的确是一款非常出色的手机。在推广 iPhone 手机的时候，乔布斯忍不住自豪地跟一个人说："我敢与你赌一顿晚餐，你会爱上它的。"

iPhone 手机是一款集 iPod、智能手机、便携电脑于一体的创新之作，手机运行的系统软件是苹果公司自己的操作系统。正是因为乔布斯永无止境的创新意识，苹果公司才研发出了这样一款让人们一见钟情的手机。

正如他自己所说："我们手中有源于 iPod 的微型制造工艺，我们手中还有来自'麦金托什'计算机的精密操作系统。从未有人想过往手机里放进一个操作系统，我们能够这样做。"

在 iPhone 手机的外观设计上，研发团队延续了苹果公司精致简洁的传统，整个手机只有一个按钮，造型大方独特，让人爱不释手。在功能方面，iPhone 手机也做到了强大易用，它开创了移动设备软件尖端功能的新纪元，重新定义了移动电话的功能。

iPhone 手机是一款革命性的新型移动电话，用户只需点按某个姓名或号码就能拨打电话。用户还可以针对最频繁拨打的电话建立一个喜欢的电话列表，把这些电话合并在一起召开电话会议。

iPhone 手机首创性的可视语音信箱，开创了业界先河，能让用户观看他们的语音邮件列表，决定要聆听的消息，然后直接转至这些消息，就像电子邮件一样，可视语音信箱使用户能够立即访问那些他们最感兴趣的消息。

iPhone 手机还包含了一个带有软键盘的 SMS 软件，可以在多个会话中轻松收发 SMS 消息。当用户需要输入时，iPhone 手机会呈现一个能够防止和纠正错误的典雅触摸键盘，从而使其使用起来更加容易和高效。

另外，iPhone 手机还包含一个日历软件，可以支持手机与用户的个人计算机或"麦金托什"机自动同步日历。

而且，iPhone 手机还带有一个 200 万像素的照相机和一个照片管理软件，用户可以浏览自己的照片图库，这些图库也可以轻松地与他们的个人计算机或"麦金托什"机同步，而且只需轻弹手指就能为墙纸或电子邮件附件选择一张照片。

iPhone 手机还是一款可触摸的宽屏 iPod，只需轻弹手指就能轻松滚读全部歌曲、艺术家、影集和播放列表。影集图案会完美地呈现在 iPhone 明亮的宽大显示屏上。

除了支持音乐，iPhone 手机在视频播放方面也是一绝。iPhone 手机令人难以置信的 3.5 英寸宽屏显示屏带有播放－暂停、章节快进－后退和音量触控按钮，为在袖珍设备上观看电视节目和电影提供了终极的途径。

如此多的功能，能让 iPhone 的用户欣赏他们的所有 iPod 内容，包括音乐、有声书籍、音频播客、视频播客、音乐视频、电视节目和电影。

iPhone 手机还是一款四频 GSM 手机，并支持 EDGE 和 Wi－Fi 无线数据联网技术。iPhone 手机提供了世界最先进的且富有趣味性的网页浏览器，用户能够以设计的意向方式观看任何网页，然后只需用他们的手指轻点 iPhone 手机的多触点显示屏，就能轻松放大扩展网页中的任何部分。用户可以通过 Wi－Fi 或 EDGE 在任何地方上网冲浪，并能从他们的 PC 或 Mac 自动同步他们的书签。

iPhone 手机的 Safari 浏览器还内置了 Google 搜索引擎和 Yahoo 搜索引擎，因此用户可以像在他们的电脑上一样，即时搜索其 iPhone 手机上的信息。

iPhone 手机还包含 Google Maps，它采用了 Google 的创新地图服务和 iPhone 手机令人难以置信的地图软件，使用户能够获得袖珍设备上迄今最佳的地图体验。用户可以从 iPhone 手机非凡、易用的触摸界面查看地图、卫星影像、交通信息和方向。

iPhone 手机采用的是触摸屏控制技术，用手指点就可以操作使用。就像乔布斯说的那样："手指是我们与生俱来的终极定点设备，而 iPhone 手机利用它们创造了自鼠标以来最具创新意义的用户接口。"

此外，iPhone 手机采用的是重力感应旋转屏幕，这个装置会跟着地心指向的改变作出反应。当 iPhone 手机的用户将 iPhone 手机贴着脸部打电话时，iPhone 手机会自动关闭屏幕以节省电源和防止触碰，直至 iPhone 手机被移开。

iPhone 手机内置的周围灯光传感器还能够针对当前的周围灯光自动把显示屏的亮度调整到适当水平，增强了用户体验的同时也节省了电能。

2007 年，在《财富》杂志的 "2007 年度 25 个最成功设计" 的评比中，苹果公司的 iPhone 手机获得了 "全球最成功的产品设计" 殊荣。

评委们一致认为：

> iPhone 手机成为苹果公司进入手机行业的颠覆之作。无论在外观还是功能上，iPhone 手机都做到了极致。

可以说，iPhone 手机是一款革命性的、不可思议的产品，它比市场上的其他任何移动电话整整领先了 5 年，iPhone 手机的出现完全改变了电信行业的格局，而它的设计甚至引爆了智能手机的一些新概念的流行，比如触摸屏、重力装置等。

正如比尔·盖茨所说的：

> 乔布斯的成就非常显著，他拥有令人难以置信的品位和高雅。他永远活在未来，能够明确指出明天的方向。

所以在 iPhone 手机还未正式面市的时候，它就成了业内最值得期待的一款手机，iPhone 手机的新闻一直是媒体追踪的热点。

一位市场分析师评价说："iPhone 手机是自亚历山大·格雷厄姆·贝尔发明第一部电话以来，业界期望值最高的一款手机。"

表现最明显的是，iPhone 手机的闪亮登场使得纳斯达克的苹果公司股票价格直线攀升。iPhone 手机出售当天，苹果公司股价就上涨8.3%，交易量比平时多出4倍。与此同时，其他手机制造商出现了不同程度的下滑：Treo 制造商 Palm 的股价下跌5.7%；RIM 的股价下跌7.9%；摩托罗拉股价下跌1.8%。

对此结果，证券分析师们表示："看看现在苹果公司股票的动向，全都是由 iPhone 引起的。iPhone 已经是苹果公司股票疯长的主要推动器。"

2007 年 6 月 29 日，期盼已久的 iPhone 手机终于横空出世，尽管它的价格并不低，但一经面市就在市场上掀起了购买狂潮。

据报道，在 iPhone 手机正式发布前一天晚上，许多人为了抢购自己心爱的 iPhone 手机，半夜拿着睡袋去纽约苹果公司专卖店门外排队。消费者的疯狂拥护让苹果公司都有些应接不暇，当时为了尽量让每位排队的消费者购买到手机，苹果公司专卖店规定每名顾客只能购买两部 iPhone 手机，而独家负责 iPhone 手机运营的美国电话电报公司旗下的商店则规定每人限购一部。

2007 年 7 月 9 日，距发售不过一个星期的时间，苹果公司已经销售了 100 万台 iPhone 手机。

针对 iPhone 的火爆销售场面，美国一些主流媒体评论："对制造手机的任何其他人来说，这是不幸的；但对我们这些使用手机的人来说，这是好消息。"

在 2008 年度大会上，乔布斯宣布，在 iPhone 手机上市 200 天后，销量已达 400 万台。在这个手机行业竞争已经进入白热化的市场，iPhone 的热销不能不说是个奇迹。

对于来势汹汹的苹果公司 iPhone 手机，美国的一家信息技术研究和分析公司的分析师预测："苹果公司的市场占有率可以在 5 年内达到20%。"

对此，乔布斯也强调："我们会不遗余力地推出 iPhone 手机的升级产品，我们一直努力将 iPhone 手机变得越来越好。"

# 推出最薄 "笔记本"

从 1998 年开始，乔布斯一步步奉献给人类想象的极限，苹果公司的所有产品都让人们欣喜不已。

人们在不断的期待中，也在担心：苹果公司是否还能持续这种辉煌和创新能力，乔布斯的创作力会不会已经枯竭了？

就在人们产生怀疑的时候，乔布斯站出来向世人证明：苹果公司的神话依然在继续！

2008 年，苹果公司隆重推出了 "世界上最薄的笔记本电脑" ——MacBook Air，再一次掀起了 IT 产业的时尚新潮流。MacBook Air 整个机身外形更加流畅利落，革命性地用一个部件代替了多个部件，它是以一整块铝合金雕琢而成的。

在 MacBook Air 的键盘设计上，苹果公司花了一番心思，MacBook Air 采用了 13.3 英寸的液晶屏幕和全尺寸键盘。键盘整体是凹陷下去的，这样不仅可以保证按键和键盘边框处在同一水平面的情况下具有一定的键程，也让用户打起字来比较舒服。

此外，MacBook Air 的键盘采用了背光灯的设计，带有环境光敏感元件，可以根据环境光的亮度来自动调整屏幕和键盘背光灯的亮度，这样在环境光比较昏暗的地方也可以看清键盘的字，还不用自己去手动调节。

可以说，MacBook Air 在细节上都体现了乔布斯 "做到极致" 的精神。例如，在电源设计上采用了安全插孔的设计方式，适配器接头和机身的插孔主要是靠磁铁的吸力结合在一起的，意外碰到的时候只会使适配器接头脱落而不致连累机器跌落。

苹果公司为了让 MacBook Air 更加完美，乔布斯甚至把心思也花在接口部分的设计上，MacBook Air 采用的是软排线设计方式，因此整个接口模式在不使用的时候是可以收到机身内部的，从外侧看不到任何接口，这项设计比配备防尘挡板要高明得多。

按键方面，MacBook Air 沿袭了 iMac 笔记本一向的设计风格，它的按键设计比较简洁，除了电源开关之外，没有设计任何其他的快捷键。

除了完美的外观设计，最令人吃惊的是 MacBook Air 的厚度只有 19.3 毫米，最薄的地方仅有 4.06 毫米。

当时，在大会上，乔布斯是从一个牛皮纸袋中拿出 MacBook Air 的，这一举动不仅使现场的观众惊讶不已，也给稍后看到报道的用户们带来了很大的震撼。

而 MacBook Air 之所以能做到如此之薄，主要因为它采用了 LED 屏幕和特殊处理器，这种处理器是英特尔专门为苹果公司定制的，面积不仅比标准的酷睿 Ⅱ 处理器要小很多，功耗也低不少。这种定制的酷睿 Ⅱ 处理器的应用，不仅有益于轻薄，也为良好散热提供了很好的支持，使 MacBook Air 成为 iMac 系列电脑中发热量最小的电脑。

乔布斯用一种自我赞叹的语气说："我们在第一眼看到它时，很难相信它竟然是一款高配置的笔记本电脑，但事实上，它的确做到了！"

笔记本电脑虽然很薄，依然内置了可视聊天的摄像头和全向麦克风，结合 iChat 或者其他即时通信软件使用，它可以给沟通带来很大的便利。

不仅如此，MacBook Air 还配备了高速集成图形处理器，图形性能较以前提升 6 倍，大多数应用程序的性能都得到了显著提高。

此外，操作系统中还自带了时间机器的软件，用于数据备份和恢复。用户在第一次启动以后，该软件将做整盘克隆，非常方便实用。

触摸板的区域也很大，是通常 13 英寸笔记本的 2 倍。还加入了多点触摸技术，通过多点触摸可以实现图像放大、缩小、180 度旋转，以及文件的翻页，而这些功能在实际中也确实为用户带来了很多的便利。

除了这些，还配有一个 USB 接口的外置 DVD 刻录光驱，这个外置光驱的特点是无须笨重的电源适配器，只需要一根连接线就可以直接连接机器，实现光盘播放或者刻录功能。

当然，MacBook Air 也不会缺少像 MSN、QQ 这些常用的即时通信工具。

对于这样一款功能强大的笔记本电脑，乔布斯禁不住自豪地赞赏道："我已经对它渴望很久了，我将第一个排队购买它。"

对此，媒体也给予了高度的评价：

这个可以装在信封里的笔记本电脑，绝对算得上是笔记本史上最成功最伟大的艺术杰作之一。它凝聚了当今包括工艺设计、材料工程学以及半导体技术等多方面的高尖研究成果，从而将笔记本电脑的最小厚度降到了不可思议的 4.06 毫米。

更重要的是它对消费者乃至整个业界，都进行了一次非常出色而高效的思想认识上的升华和洗脑——原来，笔记本电脑的轻薄设计可以达到如此境界！

所有的人都没有让自己对乔布斯的期望落空，乔布斯一次次带给世界以极限想象的惊喜！

此时，乔布斯几乎已经成为科技行业的"终结者"，没有什么可以阻挡他前进的脚步。他总是不断地给人惊喜，无论是从创业之初还是回归苹果公司之后，他天才的电脑天赋，绝妙的创意脑筋，伟大的目标以及处变不惊的领导风范铸就了苹果企业文化的核心内容。

乔布斯对完美和创新的执着，让所有人都为之敬仰。虽然他脾气依旧暴躁，虽然工作中他对员工还是很挑剔，但很多苹果公司的员工都不得不承认："乔布斯的压力让我们做出了一些超越自己能力的成功，即使那些他参与不多的产品，也会因为他的最终审核而提升水平。"

从此，乔布斯似乎变成了一个"技术标杆"，从前是在苹果公司内部，但现在是在整个行业之中。

除此之外，乔布斯还会花很多时间寻找能够产生新产品的技术。乔布斯几乎每天都能在互联网登记注册的新闻站点上收到 300 份电子邮件，而他总会认真地全部看完，目的就是为了接收更多的新构想。

乔布斯总是对于创新的追求乐此不疲，他经常对年轻人说：

创新无极限！只要敢想，没有什么不可能，立即跳出思维的框框吧！

如果你正处于一个上升的朝阳行业，那么尝试去寻找更有效的解决方案——更招消费者喜爱、更简捷的商业模式。

如果你处于一个日渐萎缩的行业，那么赶紧在自己变得跟不上时代之前抽身而出，去换个工作或者转换行业。不要拖延，立刻开始创新！

随着新产品的不断出现，乔布斯不仅成就了自己，也成就了苹果公司。从他创建苹果公司，乃至后来重回"家门"，乔布斯为苹果公司作出的贡献是有目共睹的。所有人都不得不承认：没有乔布斯，就没有今天如此辉煌的苹果公司。

# 最后辉煌

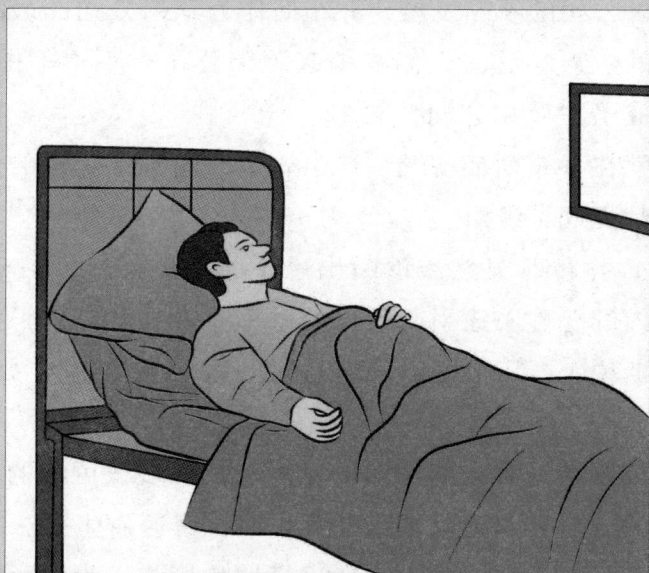

　　无论是计算机还是科学技术，这些东西都不能改变整个世界，事实就是如此。

　　　　　　　　　　　　　　　　　　—— 乔布斯

# 经历两次患病手术

2003 年，乔布斯三度登上美国《广告时代》评选的领导品牌名单，同时他还两度名列"营销 100 杰"，并且在 2003 年入选标准更为严格的"营销 50 杰"。

随着苹果公司的不断发展，乔布斯作为苹果公司的最高领导者也具备了强大的个人品牌。人们在提起苹果公司时不得不提到乔布斯，乔布斯俨然成了"苹果公司教父"。

但是，就在乔布斯准备继续自己人生以及苹果公司的传奇时，他自己的身体却亮起了红灯。

2004 年，乔布斯突然被诊断出患了胰腺肿瘤，而且还是恶性肿瘤。在胰腺内的恶性肿瘤引起死亡的概率非常高。医生根据以往的经验告诉乔布斯说："几乎可以确定这是一种不治之症，顶多还能活 3 至 6 个月。"

从这一刻开始，乔布斯才知道死亡是一件多么可怕的事情。正当他以为自己的人生和事业就要到此为止时，奇迹发生了。

按照惯例，医生需对癌症患者进行切片检查。当医生们从显微镜下观察了乔布斯的细胞组织之后，发现他患上的是一种极其罕见的癌症——胰岛细胞神经内分泌的肿瘤，只占每年诊断出的胰腺癌病例的 1%。

医生告诉乔布斯："史蒂夫，你这种病症可以通过外科手术切除，而且绝大多数的患者通过切除手术，至少还能活 10 年。"

听到这个消息后，很多朋友都希望乔布斯尽快接受手术。然而，信仰佛教和素食主义的乔布斯却拒绝手术治疗，而坚持一种神秘的饮食疗法。

2004 年 7 月，在一次身体检查中，医生发现乔布斯的胰腺肿瘤有所增大，必须进行手术。

这时，乔布斯终于同意进行手术。

7月31日，乔布斯在离家不远的帕罗奥多斯坦福大学医学中心接受了肿瘤切除手术，这次手术切除了部分胰腺、胆管和小肠，重建了消化道。

乔布斯手术后恢复得很快，仅仅休息了一个月就回到了苹果公司。在这之前，没有任何外部人士知道乔布斯得病的消息，有人说乔布斯隐瞒病情，是为了避免引起苹果公司投资者的恐慌。的确，如果乔布斯患癌症的消息在那时传开的话，很可能会影响到苹果公司的发展，毕竟苹果公司是在乔布斯的带领下才恢复竞争力的。

回到公司后，乔布斯在一次演讲中提到了自己得病时的情况：

大约在一年前，我被诊断出癌症。在早晨7时30分我做了一个检查，扫描结果清楚地显示我的胰脏出现了一个肿瘤。

我当时甚至都不知道胰脏究竟是什么。医生告诉我，几乎可以确定这是一种不治之症，顶多还能活3至6个月。大夫建议我回家，把诸事安排妥当，这是医生对临终病人的标准用语。

这意味着我得把今后10年要对子女说的话，只能用几个月的时间说完，这还意味着我向众人告别的时间到了。

我整天和那个诊断书一起生活，直至有一天早上医生给我做了一个切片检查。我使用了镇静剂，太太在旁边陪着我。

结果，大夫们从显微镜下观察了细胞组织之后，惊讶得集体尖叫了起来，因为那是一种非常罕见的、可以通过手术治疗的胰脏癌。

这是我最接近死亡的一次，在经历了这次与死神擦肩而过的事情之后，死亡对于我来说只是一项有效的判断工具，并且只是一个纯粹的理性概念。

　　我能够肯定地告诉你们，没人想死，即使想去天堂的人，也是希望能活着进去。

虽然乔布斯在这次演讲中没有明确提到对死亡的恐惧，但字里行间透露出来的信息都是对死亡的不甘心，也正是因为这种不甘心让他在大病初愈之际就回到了公司，因为他要用剩下的时间来书写自己的辉煌人生。

大病后的乔布斯这样度过他的每一天：早晨6时准时起床，在4个孩子起床前先工作一会儿，然后吃早点，等孩子们上学后再在家工作一个小时，9时去苹果公司上班。

无论他在哪里，他的计算机都通过高速网络和苹果公司以及Pixar公司连接在一起，以便他随时都可以处理文件和电子邮件。

在外人看来，乔布斯似乎没什么变化，还是一个十足的工作狂。然而事实上乔布斯很多的看法和想法都在这次大病后有了变化。

在一次接受采访时，他告诉记者：

　　无论是计算机还是科学技术，这些东西都不能改变整个世界，事实就是如此。而改变你对这些事物看法的却是你的孩子，人生短暂，时不我待，科学技术是不能改变我们的思想的。

如果是在得病前，乔布斯绝对不会说这种话，之前他一直坚信科学技术是可以改变世界的，自己是可以改变世界的。此外，乔布斯的人生观以及对生活的想法也有了改变：

　　一个人成为父母以后，他的人生观就发生变化了，就好像内心深处突然多了一种奇怪的力量左右自己的思想一样，让他对这个世界有了一个全新的感觉，这种感觉在以前是绝对没有的。

我现在要做的，就是努力做一个好父亲，就像我父亲对待我一样。

虽然乔布斯有了许多改变，而且还违背自己的意愿进行了肿瘤切除手术，但是病魔并没有就此放过乔布斯。

2008 年，乔布斯的肝脏功能开始衰竭，除了迅速更换肝脏外别无他法。

在接下来的几个月里，和绝大多数肝衰竭的美国有钱人一样，乔布斯几乎跑遍了美国所有的医院，让自己接受不同医院不同医生的检查以挤上尽可能多的等候名单。

功夫不负有心人，乔布斯最终找到了适合的肝脏。

2009 年 3 月底，乔布斯在田纳西州的孟菲斯卫理公会大学医院进行了肝脏移植手术。9 月份，乔布斯出现在苹果公司系列的年度更新发布会上。他故作轻松地走上台去，说道："大家好，我今天带来了新的 iPod 和一个新的肝脏。"

时间的车轮转到了 2010 年，已经 55 岁的乔布斯白头发越来越多，甚至开始谢顶，他还戴上了老花镜。但岁月没有磨灭他的斗志，这个从来不服输而且善于制造奇迹的斗士，只要没有倒下，就会一直活跃在行业的最前端，为世界、为人类创造一个个超乎想象的奇迹。

再次动过手术的乔布斯不知是出于哪种心态，开始频频出现在公众面前。他非常少见地亲自回复用户的邮件；他公开地"羞辱"对手及第三方软件开发商；他还

对谷歌手机展开犀利的攻击，在苹果公司员工大会上说谷歌的"不作恶"宗旨是"狗屎"；他还破天荒地带着夫人走上了 2010 年奥斯卡颁奖典礼的红地毯，当时的乔布斯身穿笔挺的西服，规矩地打着领结，而不是几十年如一日的装扮——黑色高领衫和蓝色牛仔裤。

这些不寻常的举动都彰显了乔布斯与之前的不同，看来这次的大病真的对乔布斯的影响很大。

有一次，乔布斯在媒体前这样说道：

"记住你即将死去"是我一生中遇到的最重要的箴言。

因为几乎所有的事情，包括所有的荣誉、所有的骄傲、所有对难堪和失败的恐惧，这些在死亡面前都会消失。我看到的是留下的真正重要的东西。

进行肝脏移植手术后的乔布斯给人的感觉就像是时间在催促他一样，他出击迅速，抨击对手毫不留情，或许是认识到病情的不乐观了吧！

据医学专家分析，乔布斯的第一次手术产生的副作用就是，需要切除整个胰腺，这样才能根除癌细胞转移扩散的情况。这样，病人如果要维持生命，就必须注入胰岛素，以此来控制血糖，但是病人将面临患上严重糖尿病的风险，同时也会导致食欲缺乏，进而体重骤降。

而第二次手术后，乔布斯还必须依赖免抑制药物来防止排异反应。

# 取消产品版权限制

从 2004 年开始，在健康受到威胁的情况下，乔布斯不得不把自己所有的商业计划都提前并迅速地实施。在大家看来，他似乎急着要在两年内完成他本来计划在 10 年内完成的事情。

2006 年，也就是在乔布斯还没进行第一次手术时，苹果公司在音乐播放市场上占据了极大的份额。因为苹果公司的 iTunes 是最早提供下载歌曲的一款产品，所以它在市场上的竞争优势显而易见。2006 年第一季度是苹果公司有史以来营业额和盈利最高的财季，纯利润高达 5.56 亿美元，远远超过了 2005 年同期增长率。

但这样喜人的形势并不意味着苹果公司就可以高枕无忧。事实上，在音乐播放器市场上，苹果公司的竞争对手都在摩拳擦掌，跃跃欲试。

索尼公司作为昔日音乐播放器的领头羊，在卡带式播放器上取得了巨大成功，但是由于担心自身在硬盘媒体播放器上的音乐和影视内容受到侵害，索尼在推出硬盘媒体播放器上丧失了市场先机，以至于让苹果公司打了头阵，抢了先机。

但是，索尼公司作为消费电子巨头，自然不会甘心让自己的市场被其他公司占据。索尼公司总裁佐治孝一郎明确表示："目前，我还不敢确定是否能够在一年的时间内夺回数字音乐市场霸主的地位，但我们会不惜一切代价占领全球数字音乐市场。"

除了索尼公司这个电子巨头外，微软在音乐方面的发展趋势也逐渐进逼苹果公司 iTunes 下载市场。微软不仅提供软件服务来对抗苹果公司 iTunes 下载服务，而且还准备推出自主品牌的 MP3 播放器。

微软总裁比尔·盖茨说："在数字音乐市场，当前的形势并不是最终的格局，在未来几年内，微软与合作伙伴必将推出一些极具竞争力的播放器产品。"

同时，韩国三星这个新兴的消费电子公司也将竞争的矛头指向了苹果公司。按照三星公司的计划，它希望在2007年时取代苹果公司成为全球最大的MP3播放器制造商。

事实上，不仅仅是索尼、微软、三星这类消费电子公司在压制苹果公司的发展速度，就连亚马逊那样的电子商务企业也看上了苹果公司在音乐下载方面的霸主地位。

2007年，亚马逊公司就已经与四大音乐公司达成协议，决定在2007年夏天推出数码音乐服务，并以此创造可行的数字音乐服务产品。当时，与亚马逊公司就音乐许可证问题进行谈判的四大公司包括美国环球唱片公司、索尼公司、华纳音乐公司以及百代唱片公司。

另外，亚马逊公司还考虑提供音乐订阅服务，包括提供印有亚马逊品牌的打折便携式音乐播放器等。这无疑又是苹果公司的一大强劲对手。

就在苹果公司与这些国际知名的大企业激烈竞争之时，Napster推出了Napster To Go服务。这种服务是一种新的可兼容的便携数字音乐订户服务，用户可从Napster上给MP3播放器下载无限制的歌曲。Napster公司的负责人对这种服务充满了信心："Napster To Go服务提供了无穷的价值，它比苹果公司的iTunes每次付费下载模式更加令人激动。"

在这种强敌环绕的情况下，苹果公司的iTunes下载服务遭受了消费者的抱怨。

原来，使用iTunes下载有一种名为DRM的版权保护，这为消费者带来很多不便。DRM其实就是一种内容数字版权加密保护技术，它主要是通过技术手段来保护文档、电影和音乐等不被盗版。这项技术通过对数字内容进行加密和附加使用规则对数字内容进行保护，其中，使用规则可以断定用户是否符合播放要求。这样一来，消费者下载的很多东西就会被限制播放，造成极大的不便。

为了减少消费者对苹果公司的抱怨，乔布斯在苹果公司网站上发表了一篇《反 DRM 宣言》。

在这篇宣言中，乔布斯详细说明了采用 DRM 的原因以及苹果公司的难处。

宣言这样写道：

苹果公司的 iPod 音乐播放器与 iTunes Store 在全球获得了巨大成功，有人呼吁苹果公司开放其用来防止音乐被盗用的数字版权管理技术，即 DRM，从而令购自 iTunes Store 的音乐能够在其他公司的数码设备上播放。让我们来研究一下目前的情况以及来龙去脉，然后看看未来的可能性。

首先，应该记住的是，所有 iPod 都能播放不含 DRM 的、以开放格式——如 MP3 或 AAC——编码的音乐。iPod 用户获取音乐有许多渠道，包括他们买来的 CD，事实上他们一直在用。

问题出在苹果公司的 iTunes Store 所卖的音乐。由于这些音乐的版权并不归苹果公司所有或控制，苹果公司必须从他处申请发布这些音乐的权利。

"他处"主要就是四大音乐集团，即环球、索尼 BMG、华纳和百代唱片。当初苹果公司登门申请在互联网上合法发布音乐的权利时，这些公司极度谨慎，要求苹果公司保护他们的音乐免遭非法拷贝。

我们提出的解决方案就是创建一个 DRM 系统，利用特殊的秘密软件保护 iTunes Store 所卖的每一首歌，令它们无法在未经授权的设备上播放。

苹果公司当时争取到的使用权具有划时代的意义，其中一条是允许用户在多达 5 台电脑上以及任意多部 iPod 上播放从 iTunes Store 购买的含 DRM 的歌曲。在当时，从唱片公司获得这样的授权可谓史无前例。

即便是今天，大部分数码音乐服务也难以望其项背。

但是，当时我们和唱片公司的合约里有一项重要条款，如果我们的 DRM 系统失效，导致他们的音乐可以在任何未经授权的设备上播放的话，他们只会给我们数周时间来解决，否则他们就有权撤下 iTunes Store 里卖的全部音乐。

在这篇宣言中，乔布斯明确指出了他本人对 DRM 的看法。他认为向其他公司提供 DRM 保护，并不能保证从大唱片公司购买的歌曲不被盗版，因此在他看来，应该完全废止 DRM 技术，从而便于所有的 MP3 都能播放从任何一家在线音乐店购买的音乐，这才是正确的行为。

乔布斯在表明他自己态度的同时，这篇宣言也让人们认识到，要想使苹果公司完全废止 DRM 技术，的确还有一段距离。乔布斯认识到了 DRM 技术的弊端，但是苹果公司却没有废止这项技术。

微软的比尔·盖茨紧跟乔布斯的步伐，也明确表示了对 DRM 的失望，他认为，DRM 让那些合法购买音乐的消费者饱受折磨，却没有起到防止盗版的作用。

与苹果相同的是，微软也没有即时废止这项技术。

反倒是百代唱片公司在这两位抱怨之后，迅速公布了一则消息——该公司于 2007 年 4 月正式全面放弃 DRM 技术。

从 2007 年 2 月 6 日乔布斯发表《反 DRM 宣言》，至 2009 年 1 月 7 日，苹果公司才正式对外宣布：iTunes 正式去掉商店内音乐的数字版权 DRM 保护。之所以敢于作出这样的决定，与苹果公司的努力是密不可分的。

在 2009 年举办的大会上，苹果公司负责全球营销的高级副总裁菲利普·席勒代替乔布斯发表了主题演讲。演讲中提到了 iTunes 音乐商店在 2009 年将会有 3 点改变：

首先是价格方面。在过去 6 年中，苹果公司的单曲定价一直是 99 美分。如今音乐公司希望可以更灵活一点，新的价格将会在 69 美分至 1.29 美元之间。

其次是版权保护方面。经过苹果公司与主要的音乐厂商谈判，从 1 月 7 日开始将会有 800 万首音乐被取消 DRM 版权限制。在 2009 年第一季度末，这一数字将达到 1000 万首。

最后一点改变是关于 iPhone 上的音乐商店的。

现在，消费者可以通过 3G 网络来购买音乐，而不是仅仅在 Wi - Fi 上。消费者购买的音乐都将会直接下载到手机上。与在电脑上购买到的音乐一样，音质不会打折扣。

在苹果公司的努力下，索尼 BMG、环球与华纳三大唱片公司先后与苹果公司签订了协议，承诺从 2009 年开始销售无 DRM 保护的合法数码自由音乐。

事实上，所谓取消 DRM 技术的"自由音乐"并不是绝对的自由音乐，也就是说并不是大多数人想象中的那样"购买的所有歌曲都可以随意复制"，是所有的歌曲必须提 30 美分即可以获得自由复制权。而不是免费的。

尽管不是绝对自由的复制权，但是取消 DRM 技术仍是一次巨大的进步，是历史性的前进，这使得 iTunes 下载服务又在市场上掀起了一阵热潮。

在 iTunes 取消 DRM 限制之后的第二年，乔布斯再出新招，又推出了 App store。

这是苹果公司基于 iPhone 的软件应用商店，向 iPhone 用户提供第三方的应用软件服务，是苹果公司开创的一个让网络与手机相融合的新型经营模式。这个模式的出现使用户得到了更多的方便，使手机更加快捷。

App store 模式的意义在于为第三方软件的提供者提供了一个方便而又高效的软件销售平台，使得第三方软件的提供者参与其中的积极性空前高涨，这个软件的推出更适应了手机用户们对个性化软件的需求，从而使得手机软件业开始进入了一个高速、良性发展的轨道，而不是只局限于打电话。

苹果公司把这样的一个商业行为升华到了一个让人效仿的经营模

式，无疑是手机软件业发展史上的一个重要里程碑，其意义已远远超越了"iPhone 的软件应用商店"本身。

App store 自 2008 年面市以后，就取得了不俗的成绩。短短 3 个月，下载数就达到了 25 万次。至 2009 年 1 月，该数字超过 1.5 亿次。

据说，这样海量下载所获的利润仅占苹果公司盈利中的 1%，由此可见，苹果公司"生财"能力是多么强大。

# 推出更新升级产品

乔布斯多年游历于市场中，自然明白产品更新换代的重要性，他说："要想使公司在竞争中立于不败之地，就必须在竞争对手打败自己现有产品之前生产出更为消费者喜爱的产品。真正成功的企业从来都不是等待市场淘汰自己的产品，而是自己淘汰自己的产品。"

因此，苹果公司的产品更新换代的速度，要远比其他公司更快一些。iPhone 3G 手机上市仅仅几年，苹果公司又强力推出了 iPhone 3GS。

作为 iPhone 3G 手机的升级版，3GS 中的 S，代表了 Speed，即速度。这意味着，升级版的 iPhone 手机将搭载更加合理的配置，拥有更快的运行处理速度和 3G 网络载入速度，为人们的精彩生活带来速度的提升。

相对于 iPhone 3G 手机而言，iPhone 3GS 手机的摄像头像素增加到了 300 万，而且还追加了自动对焦和视频编辑功能。

另外，iPhone 3GS 手机不再采用 TFT 材质作为屏幕，而是选择了更为耐用的 OLED 材质，运行内存由 128MB 提升到了 256MB，主频也由 440MHz 提升到了 600MHz。

而且，iPhone 3GS 手机还减少了机身厚度，支持电子罗盘功能。

iPhone 3GS 手机刚刚上市，苹果公司又发布消息称：将于 2009 年 8 月 28 日正式出售"麦金托什"计算机的新操作系统——"雪豹"。

苹果公司方面强调，"雪豹"并不是一个全面革新的版本，而是苹果公司现有操作系统"美洲豹"的升级版。

其实，早在消息发布之前，苹果公司就已经开始出售"雪豹"系统了。尚在预售阶段的"雪豹"很快就已经登上了亚马逊公司畅销软件排行榜榜首。

虽然"雪豹"不是一个全新版本，而且外观看上去也几乎没有什么变化，但事实上该系统进行了多处改良，最明显的改良就是"雪豹"所占空间比"美洲豹"要小一半，安装后系统会释放7GB的硬盘空间，这对硬盘容量较小的用户来说无疑是个好消息。

这个好消息只是"雪豹"给用户的一个小小惊喜而已，等用户真正开始运用"雪豹"系统时就会发现，相比"美洲豹"而言，"雪豹"真的改良了很多。

长期以来，关于"雪豹"的销售量，苹果公司没有给出具体的数字。但是从"美洲豹"的销量来估计，作为其升级版的"雪豹"应该也不会差。

美国投资银行在2009年研究报告中预期，苹果公司的新"雪豹"系统，在2009年9月那一季将售出500万套。

一位资深分析师也对"雪豹"系统充满了信心，他估计"雪豹"系统的销售将为第三季带来6600万美元额外的本业获利。

美国的各大媒体也大肆吹捧了"雪豹"系统一番。

《华尔街日报》的一篇报道中这样写道：

在我看来，苹果公司的雪豹操作系统比微软的Vista操作系统更好更快。

《纽约时报》这样评价道：

苹果公司的雪豹操作系统强大、优雅、构思巧妙。

《个人电脑》杂志也给了"雪豹"很高的评价：

对于大多数消费者而言，这是迄今为止最好的操作系统。

《今日美国》对"雪豹"更是十分看好：

　　　　凭借雪豹操作系统，苹果公司操作系统拓宽了其在美学和技术领域的领先地位。

　　可见，"雪豹"确实是各大媒体的宠儿。

　　在评论上取得成功的"雪豹"系统，在商业上肯定也会获得巨大的成功。

　　除了在下载方面下功夫外，乔布斯也没有放弃在电脑方面的研发。2010年1月27日，苹果公司推出了传闻已久的平板电脑。

　　乔布斯对这款电脑的定位是介于苹果公司智能手机iPhone和笔记本电脑产品之间，一共只有4个按键的平板电脑看起来就像个大个的iPhone。这款电脑提供浏览互联网、收发电子邮件、观看电子书、播放音频或视频等功能。

　　平板电脑灵巧的触摸式屏幕，使用户操作起来更加便利，尤其是在进行邮件操作时。用触屏式来处理邮件，是前所未有的方式，这在一定程度上也体现了苹果公司行业前驱的地位。

　　在邮件处理中，平板电脑让用户更为惊喜的是，无论你把屏幕平放还是垂直放立，邮件都可自动跟着旋转并铺满全屏。此外，在平板电脑上查看图片时，可用手指对图片进行缩小、放大或幻灯片观看等操作。

　　另外值得一提的是，平板电脑可以运行App store近20万个应用程序，从游戏到商务应用，一应俱全。

　　正所谓一分价钱一分货，这个道理当然也适用于苹果公司产品。拥有这么多新奇功能的平板电脑在售价上给消费者带来了极大的惊喜，只要几百美元就可拥有这样一台平板电脑。

　　虽然说平板电脑输入方式新颖，而且移动性能好，但是它也有着不少缺点。美国著名IT杂志《连线》的产品分析师查理·索瑞尔在乔布斯发布平板电脑后，立即列出了平板电脑缺失的十大功能：不支

乔布斯·最后辉煌

持 Flash、无 OLED 屏、无 USB 接口、无 GPS 功能、不支持多任务功能、无键盘、无摄像头、未选用平板电脑作为移动运营商、屏幕比例不是16：9、无高清多媒体接口。

这些缺点使平板电脑的销售市场受到了极大的限制，因为对于那些习惯于同时开着浏览器、邮箱等多个界面的用户来说，他们就不会选择平板电脑。

但是相对于价格来讲，平板电脑也算是物有所值了。即使平板电脑的销量远不如 iPhone 和 iPod，但相对于其他公司的同类产品来说，销量已经十分可观了。借助这款电脑，苹果公司已经开始逐渐实施战略转型的策略。

不论是盈利份额小的 App store，还是不完美的平板电脑，都在一定程度上为苹果公司重现强劲竞争势头奠定了基础。

乔布斯在苹果公司平板电脑发布后透露，该产品采用苹果公司自主设计的微处理器。由于该公司长期以来一直都使用外部半导体供应商提供的处理器，所以平板电脑成为苹果公司战略转型的第一个成果。

知情人士则透露说："通过这种战略，苹果公司就不必再与外部芯片供应商分享未来计划的相关信息。"

这也就是说，在不远的将来，苹果公司将会自主研发芯片。这一策略必然会大大增强苹果公司的竞争力以及在技术上的垄断程度。

# 在数字市场上竞争

乔布斯经过 10 多年的磨砺，他终于逐渐认识到了一个道理："苹果公司生活在一个生态系统中，它需要其他伙伴帮助，它也需要帮助别人。"因此，再次成为引领苹果公司的灵魂人物后，乔布斯虽然对自己的员工仍旧十分苛刻，但是他在对待其他公司方面却显得温和了许多。

也正是因为乔布斯明白了"需要互相帮助"这个道理，所以才会有苹果公司与谷歌公司之间的合作。

早先在研发 iPhone 的过程中，主宰互联网搜索业务的谷歌公司曾向 iPhone 提供地图、搜索和邮件功能，还使自己的 YouTube 视频服务兼容苹果公司的 QuickTime 播放器。

在那段时间，谷歌公司与苹果公司之间合作得十分密切，谷歌公司的 CEO 埃里克·施密特还笑着对乔布斯建议说："史蒂夫，我看不如干脆将苹果和谷歌两家公司合并，改名叫'AppleGoo'。"

然而乔布斯身上总会发生一些戏剧性变化，谷歌公司和苹果公司之间也好景不长，很快就反目成仇了。导致这种结果的原因就是 2007 年底谷歌公司推出了 Android 手机。

谷歌公司的这一举动激怒了乔布斯，在他看来，谷歌公司推出的 Android 手机在很大程度上剽窃了苹果公司的 iPhone 技术，这种行为无疑是背叛。个性强硬的乔布斯怎能容忍"朋友"的背叛呢？于是从 2008 年开始，苹果公司与谷歌公司之间的争论就变得火药味十足了。

2008 年，在一次谷歌公司召开的会议中，乔布斯愤怒地告诉参加会议的谷歌公司高层："如果你们这些家伙敢拿 iPhone 的多点触控技术来用，苹果公司就一定会采取法律行动！"

面对口气十分强硬的乔布斯，谷歌公司也不肯示弱，一位高管在接受采访时这样说道："谷歌公司不是那种会特别畏惧谁的公司，包括苹果公司在内。"

由于双方都不肯低头，矛盾也就越加激烈了。当矛盾积累到一定程度时，合作关系的破裂就成了必然。

2009 年 8 月，谷歌公司的 CEO 埃里克·施密特退出了苹果公司的董事会。当乔布斯宣布施密特离开董事会时，他对大家强调说："埃里克的退出，是因为谷歌公司不幸涉足了苹果公司的核心业务。"

合作关系的破裂在一定程度上为苹果公司和谷歌之间的"战争"拉开了帷幕。

2009 年秋天，苹果公司提出以 6 亿美元收购处于快速成长期的移动广告公司。移动广告公司按照常例同意了苹果公司提出的 45 天"非售"期，但苹果公司没有如期购买。

谷歌公司听说之后，竟迅速与移动广告公司达成协议，以 7.5 亿美元的价格买下了这家年仅 4 岁的收入微薄的公司。

苹果公司听到这个消息后，立即以 3 亿美元收购了移动广告公司的对手公司。

谷歌针锋相对，就在苹果公司收购移动广告公司的对手公司的那一天，推出了直接与 iPhone 竞争的移动广告公司。

这一举动更是惹恼了乔布斯，他愤怒地表示："谷歌公司想要杀死 iPhone，我们绝不会让他们得逞！"

在乔布斯看来，谷歌公司在苹果公司没有涉入搜索领域的情况下进入手机领域，这一行为已经足以构成"背叛"，足以让他火冒三丈。然而更让乔布斯想不到的是，手机领域根本就不能满足谷歌公司的"野心"。它不但要侵占手机领域，还要抢占苹果公司其他领域的市场份额。

2009 年 10 月，谷歌公司在美国市场推出了音乐搜索服务，并与 Myspace、LaLaMedia 及 Pandora 等网站结盟。其意图十分明显，就是要对抗苹果公司 iTunes 商店。利用谷歌公司的服务，用户可以试听至少 30 秒的音乐片段，有时甚至是整首歌曲。

此外，谷歌公司也开始研发自己的电脑操作系统 ChromeOS，意在挑战微软和苹果公司的操作系统。与此同时，谷歌公司的网页浏览器 Chrome 也开始与苹果公司的 Safari 争夺客户。

激烈的竞争，很快又掀起了苹果公司和谷歌公司的"口水战"。气愤难当的乔布斯不止一次在公开场合用言语攻击谷歌公司。在一次演讲中，乔布斯轻蔑地称谷歌公司的"不作恶"原则是胡扯。

在这之后，谷歌公司立即作出了反应，但是它并不是用言语来回击苹果公司，而是为 NexusOne 更新了多点触屏。

在双方都不肯示弱的情况下，苹果公司首先发难。2010 年 3 月 3 日，苹果公司正式起诉宏达国际集团。这一举动表面上只是就知识产权进行诉讼，但实际上是苹果公司在向谷歌发难，因为宏达国际是谷歌公司的手机零件供应商。

这件诉讼案，谷歌公司虽然不是受控的一方，但谷歌公司的高层已经表明了立场，他们坚决站在宏达国际这边。苹果公司与谷歌公司矛盾的加剧已经成了不可逆转的事实。

面对行业中两大巨头的对峙，各界纷纷作出了自己的判断。

哈佛学院的一位教授这样说道："我确定这场战争还会变得更加丑陋。要打击苹果公司，谷歌公司一定会更加咄咄逼人。如果他们成功了，就会给苹果公司和 iPhone 带来巨大的价格压力。"

一位硅谷的投资人也用严重的字眼来形容这场竞争："这简直是第三次世界大战。业界最强大的两个人都被可怕的敌意支配着。"

业界人士也纷纷猜测苹果公司会给予谷歌公司怎样的打击。多数人认为，苹果公司会在 iPad 上采用微软的"必应"作为首选搜索工具，甚至还要推广到 iPhone 上。这样一来，iPhone 和 iPad 用户无疑会放弃谷歌的搜索选项。

关于人们对苹果公司与谷歌公司之间的猜测，谷歌公司的高层表示，这只是企业间的竞争，并不掺杂个人感情，所以也谈不上什么"敌意"。

无论人们如何猜测以及谷歌公司方面如何解释，苹果公司与谷歌公司之间的竞争已经进入白热化阶段的事实是谁也无法改变的。

后来，苹果公司与谷歌公司之间的"战火"已经蔓延到了中国。2010年7月，苹果公司在上海浦东新开了一家旗舰店，这是苹果公司大举迈进中国市场的又一步。

当时，苹果公司方面表示："至2011年时，苹果公司要在中国开设25家分店。"意图十分明显，他们有产品线，又有旗舰店作为载体，因此要在中国打开广阔的市场。

首先进入中国消费者眼界的是iPhone，屏幕设计精致且便于操作的iPhone很快就在中国市场上掀起了一股消费热潮。紧接着，平板电脑也顺利进入中国市场。

此时，谷歌公司当然也没有闲着。通过Android系统，谷歌公司让许多手机品牌都安装了越来越多的应用程序，从而丰富了手机功能，增强了手机的竞争力。

在美国，很多分析师认为开放的Android操作系统会最终赶上并超越iPhone。但事实能否如此却很难说准，因为中国市场是个相当复杂的市场。最起码，苹果公司生产自己的手机，它和富士康签订了在中国制造iPhone的合同。中国联通是iPhone在中国地区的唯一运营商。由于中国联通是运营商，那么它就可以以协议价格买走苹果公司的iPhone，至于iPhone在中国的销售价格以及销售风险就与苹果公司无关了。

不过事实上，iPhone在中国市场的增长比中国联通预计的要慢得多。虽然这并不影响苹果公司的利润，但在一定程度上说明苹果公司在中国市场上的销售并不是让人很满意。

而谷歌公司的盈利模式与苹果公司完全不同，谷歌公司依靠广告收入和本地服务盈利。这种盈利模式在中国市场上有很大的问题，因为谷歌公司在中国有很多本地服务根本就不能提供。没有政府授权的执照，谷歌公司甚至不能用广告收入抵消当地市场成本。

这就意味着，谷歌公司在中国的盈利只能依靠自己的设备供应商，然而供应商的利润要比苹果公司少很多，所以谷歌公司在营销上可周转的资金也不多。

谷歌公司在中国市场受困的根本原因，在于中国移动和中国电信不肯多投入资金去推广 Android 平台。尽管苹果公司已经将 iPhone 在中国的销售权全权交给了中国联通，但中国移动从没有放弃过争取 iPhone 销售权，这在很大程度上影响了中国移动对 Android 平台的投资。

除此之外，摩托罗拉将 Android 在中国的默认搜索引擎换成了百度，这也影响了谷歌公司的收益。

综合以上种种原因，尽管谷歌公司 Android 在中国市场上的销量是 iPhone 的 3 倍，但事实上，谷歌公司的收益却远不如苹果公司多。

而对于苹果公司和谷歌公司在中国市场上以后将会出现怎样的竞争局面，关键还是取决于中国的消费者。苹果公司的品牌影响力大，而且 iPhone 拥有最棒的用户界面和最高的评价体验，但其价格比其他手机贵很多。相对而言，采用谷歌公司 Android 系统的手机在价格上就会低百分之二三十。

消费者会怎么选择，将会成为苹果公司与谷歌公司最为关注的问题，而这也是评价在中国市场上成功还是失败的唯一标准。

而在全球市场上，竞争的因素也取决于人才。要继续维持创新步伐，苹果公司当前所面临的最大挑战不是缺乏想象力、调整路线图，或无法预测未来趋势，而是如何找到优秀的人才来实现其未来目标。

毫无疑问，面临人才问题的不仅限于苹果公司一家。谷歌、雅虎等公司，甚至微软公司均面临同样的问题。与过去相比，当前越来越多的企业更愿意收购一些小型企业，不仅仅是为了他们的产品，更重要的是希望获得他们的工程技术人才。

科技市场对于人才的需求一直都是如此，但智能手机市场的激烈竞争将企业创新能力推上前所未有的高度。我们打开苹果公司网站招聘页面，会看到许多职位面向开发人员开放，这意味着随之各种平台之间竞争在加剧。

谷歌公司 Android 系统也在继续完善，但如果招聘不到所需人才怎么办？苹果公司也是如此，如果招聘不到所需团队又会怎样？这意味着技术革新速度将进入一个相对稳定的时期。

当然，挑战中也存在机会。苹果、谷歌和其他公司在某种程度上针对同一市场，但某些企业可能会通过差异化来获得竞争优势。例如，把更多的精力放在产品功能或服务上。

在解决人才缺乏问题上，苹果公司处于最有利地位，因为苹果公司最善于管理有限的资源。其最主要的技巧之一就是，能够想象出一款全功能的产品，然后再根据基本需求进行删减，最终打造出一款完美的产品。

苹果公司产品的前瞻性并不是一门精密科学，但随着苹果公司和谷歌公司之间竞争的日益激烈，相信乔布斯不会放慢推出"神奇"产品的步伐。他将继续展现自己的才华，预测市场的未来走向，洞悉消费者的未来需求。

# 面对挑战寻找机遇

苹果公司不但与谷歌公司之间存在着激烈的竞争，而且作为最具创新能力的企业，自然成了很多企业效仿的榜样。那么苹果公司就面临着两种选择：是让模仿者"生"，还是要模仿者"死"？

乔布斯心中自有一个标准，那就是"学苹果公司者生，似苹果公司者死"。

先模仿，之后在模仿中创新，几乎是每个企业的发展之道。对很多企业尤其是刚刚起步的公司而言，模仿的确是通向成功的一条捷径，因此一些成功的企业难免就会成为模仿的对象。当然模仿并不意味着一定能成功，相反有时候模仿会让企业更快地走向死亡。

既然是个性苛刻的乔布斯定的标准，那么这个标准自然是不容易把握的。

尽管乔布斯定的标准十分苛刻，但是模仿者还是前仆后继地涌来。尤其是在苹果公司 iPod 推出之后，更是在全球掀起了一股轰轰烈烈地向苹果公司学习的热潮。事实上，的确很少有模仿者能很好地把握"学"与"似"之间的这个度。

然而就在苹果公司的产品在全球范围内遭遇模仿和抄袭的时候，乔布斯却一点也不担心，甚至还轻蔑地说道："那些产品就算是人家白送你一台，你也不会拿来用。"

乔布斯的信心不仅仅来自于苹果公司完善的知识产权维护体系，更来自于公司超强的创新能力。苹果公司可以说是整个行业的引领者，引领着众多的模仿者不断向前发展，但没有一个模仿者可以取代苹果公司的位置，更别说超越苹果公司了。

苹果公司之所以能够一直维持着"霸主"的地位，正是由于它出色的创新能力。

苹果公司 iPod 优雅的造型以及新颖的设计，体现了苹果公司产品独有的灵感和风格，这是任何模仿者都难以模仿到的。因为就在那些模仿者还在揣摩 iPod 机型并推出相应的竞争产品时，苹果公司却已经在开发新产品了。

2005 年，苹果公司连续推出了 iPod shuffle、Mac mini、iPod nano 以及具有视频播放功能的 iPod 新品，进一步确保了自己在这一市场上的主导地位。

iPod 推出后不久，戴尔就研制出了 3 款与 iPod 极为相似的数字音乐播放器。然而仅仅销售了 3 个月，惨淡的销售业绩就让戴尔不得不撤掉了这 3 款机型。

不仅仅是戴尔，索尼和三星等许多知名电子制造商也相继碰了壁。尽管这些知名电子制造商拥有比苹果公司更多的资源，但在数字音乐播放器市场上却始终无法与苹果公司抗衡。

根据市场研究公司 IPD 集团公布的数据显示，2007 年 1 月至 11 月期间，苹果公司在全球数字音乐播放器市场占据了 69% 的市场份额，而主要竞争对手创新科技和三星电子的市场份额均没有达到 10%。尽管他们大多数都采用了模仿苹果公司这条捷径，但还是被苹果公司远远地抛在了后面。

这种情况的出现，正是得益于苹果公司的创新能力，当然苹果公司的创新也不是毫无根据的创新。从技术上讲，MP3 并不是苹果公司发明的，网络音乐下载也不是苹果公司的首创，但将两者结合起来就是苹果公司的创新。

创新是什么，说白了，就是做别人没有做过的。iPod 之所以能称霸音乐市场，也正是因为苹果公司创造性地将"产品"和"内容"融为一体。

在一次采访中，乔布斯这样告诉记者：

苹果公司目前的处境可以说是非常微妙。各位大概知道，市面上几乎每一片 CD 里的每一首歌曲，都是"麦金托什"的产物——从录制、混音到母片烧制，全部都由"麦金托什"一手包办。

我所遇见过的艺人，几乎每个人手里都有一台 iPod，我所见过的唱片公司老板，也几乎人手一台 iPod。

苹果公司之所以能够达到这样的地步，其中主要的原因之一是，苹果公司被视为音乐产业最具有创意的公司，一如其被视为科技产业里最富创意的企业一般。而如今，我们又首开风气，开了一家网上音乐商店，这可不是随随便便就能抄袭成功的。

据说微软公司打算模仿我们，在 6 个月内开一家类似的网上音乐商店。这虽然不能等闲视之，不过也不是嘴巴上说说那么简单。

人们可能认为乔布斯过于狂妄了，又或许是许多其他公司认为自己有实力通过模仿进而超越苹果公司，总之，模仿苹果公司从来都没有减少的趋势。然而即使模仿苹果公司可能会获得巨大的成功，公司也不能将所有的希望都寄托在模仿之中。因为乔布斯让世人看到的事实是——似苹果公司者死！

这个教训从 Psystar 的败诉中就可吸取。

2008 年 7 月 3 日，苹果公司向北加州的联邦地方法院提交诉状，正式控告销售"麦金托什"组装版电脑的制造商公司。

这个公司是一家位于美国佛罗里达州的小电脑公司，除硬件销售外，也为中小型企业提供 IT 顾问服务。2008 年 4 月，该公司开始销售搭配苹果公司 Mac OS 的桌上型电脑。正是因为销售这种电脑让这个公司一举成名。

乔布斯在发现这个公司的产品有违反苹果公司操作系统使用条款的规定后，他立即采取了法律手段。在诉讼状中，苹果公司提出了以下几点：这个公司侵犯著作权、诱导侵犯著作权、违反商业契约以及侵犯徽标。

乔布斯要求法院对这些发出禁止令，这个公司赔偿苹果公司的损失并交出获利，同时，召回已经售出的台式电脑，以及采取其他补救措施。

苹果公司代表在媒体面前郑重地说道："当我们相信有人盗用了我们的知识产权后，我们会非常严肃地看待。"

至于这个公司，他们对这件诉讼案并没有发表任何言论。

经过长达4个月的艰苦诉讼后，2008年11月份，苹果公司控告这个公司侵权一案终于落下了帷幕。美国联邦地方法院决定接受苹果公司对简易判决的要求，并否决这个公司的抗辩。

法院认定这个公司侵犯了苹果公司的独家再制作权利以及创造衍生作品的权利。

针对这一罪名，这个公司主张公平使用。法官予以否决，否决的理由为，该公司甚至没有试图提出符合公平使用4要件的状况。

另外，为了争取诉讼的胜利，这个公司还主张第一次销售原则，也就是著作权产品在第一次卖给某人后，著作权人的权利就失去了，购买方可将产品再卖出。

法官则认为，第一销售原则仅适用于合法的产品，不包括这个公司制作的未授权版本。

最终该案以苹果公司的全面胜利而结束。此后，这个公司只能出售3款能够使用苹果公司操作系统的台式电脑，而且每台电脑的售价远远低于苹果公司电脑。

这个公司的惨败，让模仿苹果公司的其他公司不得不更加小心。要效仿苹果公司不是不可以，但一定要按照乔布斯的要求来做，即"学苹果公司者生，似苹果公司者死"。要跟上苹果公司，就必须跟着乔布斯走，这是个不争的事实。因为主要的原因是——乔布斯有非凡的能力！

几年来，苹果公司令人眼红的业绩证明了乔布斯的能力。如今，日渐消瘦的他仍然担任着苹果公司的CEO，而在他的带领下苹果公司会走向怎样的未来是很多人都关注的问题。

人们既然关注苹果公司的未来，那就不得不旁顾到苹果公司所在市场的竞争情况以及各大竞争对手的发展情况。

在当今的美国计算机行业中，要说备受尊崇的人物，人们第一个想到的一定会是微软公司的领军人比尔·盖茨。微软公司不仅占领着世界计算机行业的霸主地位，也为比尔·盖茨创下了巨额的财富。一直以来，微软公司都是苹果公司强劲的竞争对手。未来究竟是谁引领计算机行业，目前还不能确定，但可以确定的是，两个公司的竞争必然会更加激烈。

《时代》杂志对盖茨和乔布斯这两个人这样评价：

在某种意义上，乔布斯是盖茨的对抗者；他是一个硬件大师，而不是一个软件大师；他是一个开拓者，而不是一个跟随者；他是一个创造者，而不是一个克隆者；他是一个提倡打破旧习的人，而不是行业标准的统合者。

相较于盖茨的理性，乔布斯显得十分感性。无论是理性还是感性，要在未来获得更好的发展，就看哪种能更好地适用于时代了。

与公司竞争十分激烈的情况相反的是，乔布斯与盖茨之间的私人关系却温和了许多。在 2007 年的一次公开会晤上，乔布斯与盖茨的态度都显得十分谦逊。

当被问到如何看待对方在计算机行业中的贡献时，乔布斯说道："比尔建立了行业中第一家软件公司，而且是一家大公司。我想他是在业内的所有人都还不知道什么是软件公司的时候就建立了第一家软件企业。比尔完全专注于软件行业。"

而盖茨也毫不吝啬对乔布斯的赞美："首先，我需要澄清，我不是假乔布斯。乔布斯的成就非常显著。它拥有令人难以置信的品位和高雅。他永远活在未来，能够明确指出明天的方向。苹果公司一直在追寻这样的梦想——打造我们想要用的产品。他总是能指出行业的下一步动作，整个行业都能从他的工作中受益。"

在被问到如何看待微软时，乔布斯说："苹果公司是一家把美丽软件装进美丽盒子里的公司，苹果公司从本质上来说和微软一样也是一家软件公司。伟大的科学家阿伦·凯说过'热爱软件的人会希望制造自己的硬件'这样一句话。除了微软公司以外，我看不到任何一个例子将硬件和软件结合得这么好。"

乔布斯这样盛赞微软公司，与之前他对微软公司的态度截然不同。在这之前，乔布斯都是用苛刻的言语抨击微软公司："微软公司唯一的问题就是没有品位，他们绝对没有品位。我想我有些悲伤，但不是因为微软公司的成功，而是因为虽然它们挣了足够多的钱，但仅仅是在制造三流产品。"

乔布斯甚至一度认为微软是一个恶劣的抄袭者："我们的朋友微软公司在研发新产品上花费了 50 亿美元，但是最近他们却在试图抄袭谷歌公司和苹果公司，我认为这是'金钱并非万能'的有力佐证。"

无论乔布斯是出于怎样一种心态，人们可以看到的事实是，苹果公司和微软公司的竞争已经不单单是在计算机行业了。比尔·盖茨表示，微软公司将与硬件合作伙伴携手开发新型数字媒体设备，以挑战苹果公司 iPod 数字音乐播放器的霸主地位。这就表示以后在音乐界也会出现微软公司和苹果公司的激烈竞争。

在音乐界，苹果公司面临的不仅仅是微软这个实力雄厚的对手，还有亚马逊、索尼、三星等实力强劲的对手。音乐下载的巨大市场吸引了众多知名的大型公司，在这个市场上必然会出现一场激烈的角逐。

除了计算机和音乐下载之外，苹果公司在手机领域也面临着巨大的挑战。先不说诺基亚、摩托罗拉等国际知名的手机品牌，单是后来涉足手机领域的谷歌公司就是苹果公司不可小瞧的对手。

从合作 iPhone 到分道扬镳，苹果公司和谷歌公司之间的矛盾也逐渐公开化。谷歌公司与苹果公司竞争的意图十分明显，从手机到音乐领域，谷歌都逐渐涉入，这对苹果公司来说，自然不是什么好事。

除了面临竞争对手的威胁外，在产品上，苹果公司也面临着巨大的挑战。

过去，在计算机行业中，苹果公司一直控制着产品的每一个要素和环节。但是进入手机领域后就不同了，iPhone 想要获得成功，短时间内还离不开美国第二大无线运营商 Cingular 公司的网络质量和客户服务质量。同时，由于跟 Cingular 公司合作的关系，苹果公司也将全部的赌注押在了 GSM 上面。

另外，由于 iPhone 使用的浏览器也是苹果公司自己的 Safari，因此消费者到底能够获得什么样的上网速度还有待证实。虽然 iPod 的按键和软件界面设计得相当成功，但是消费者还是不愿意看见 iPhone 变成另外一款 iPod。

此外还有一个问题，那就是 iPhone 这个品牌名称的问题。因为思科自从 2000 年收购 Infogear 公司之后就拥有了这个品牌的所有权。尽管苹果公司一直在与思科公司就 iPhone 品牌的所有权转让进行协商，但是双方还未达成任何协议。这一系列的问题都会影响苹果公司未来的趋势，而苹果公司想要走得更好，走得更远，就必须搬走这些"绊脚石"。

当然苹果公司除了要面临巨大的挑战，也有不少的机遇。

一直以来，让乔布斯最引以为骄傲的就是苹果公司的创新能力。iTunes 上的音乐商店、五彩缤纷的 iPod、App store 多达 75000 个第三方应用，苹果公司在创新上总是把它的竞争对手远远地抛在身后。只要创新不断，苹果公司就不会停止发展的脚步。

如今苹果公司的发展势头，已经不单单来自于它的计算机业务，更多的创新延伸到了苹果公司其他的业务之中，这无疑是将公司的发展范围拓宽了。音乐界以及手机领域的广阔市场，对苹果公司来讲也绝对是个机遇。

对于未来如何抓住发展机遇，乔布斯有着自己独特的想法。据国外媒体称，在年度股东大会上，乔布斯在被问及苹果公司是否会利用所持有的现金余额来支付股息的问题时，他回答说："苹果公司能通过持有现金的方式保持巨大的安全性和灵活性。"暗示他不太支持这种想法。

与此同时，乔布斯的话也让人们了解到了一个事实——苹果公司握有大量的现金。这与其他公司极其不同，一般上规模的公司都不会在公司中留有大量现金，而乔布斯却偏要这么做。乔布斯这么做，自然有他的道理。在他看来，拥有大量的现金，才能保证苹果公司毫无顾忌地进行并购，即使在全球经济不景气的情况下，苹果公司也有现金可以维持公司的运作。

2009年，由于残酷的竞争，很多IT企业为了生存而苦苦挣扎，但苹果公司股价却翻了一番。从2009年1月至10月，短短10个月，苹果公司的股价上涨了236%，这对任何公司来说都是个奇迹，而这正是乔布斯的高明之处。

而且，乔布斯在这期间有很长一段时间都没有到苹果公司上班，因为那时他正为肝脏移植手术四处奔波。人们无法想象，一个没有领军人现场指挥的公司在经济衰退期间股价疯狂上涨，这该是怎样的一个企业！

# 应对新产品的挫折

2010 年，美国旧金山当地时间 6 月 7 日上午 10 时，苹果公司全球开发者大会在旧金山会展中心正式开幕。乔布斯在会场上发布了全新 iPhone 第四代手机，型号为 iPhone 4。

在 iPhone 4 的发布会上，乔布斯最开始强调的一点就是这款手机的全新外观设计。仅有 9.3 毫米的厚度，震惊了全场的观众。这样的厚度可以说是突破了全球最薄智能机的纪录，相对于 iPhone 3GS 12.3 毫米的厚度，iPhone 4 变薄了 24%。

iPhone 4 之所以能够做到这么薄，最主要的原因就是 iPhone 4 将手机的天线和边框整合到了一起，侧边的不锈钢框架分为两段，充当两个天线。其中一条负责蓝牙、Wi－Fi 和 GPS 信号的接收，而另一边则负责 UMTS 和 GSM 手机信号接收。这一设计使手机的厚度减薄了许多。

iPhone 4 除了厚度上的突破外，在外形上还有两点是与众不同的——全新设计的按键风格和钢化玻璃的手机面板。因此在外观效果上，iPhone 4 不仅坚固实用，也很美观。

除了外观方面的升级，iPhone 4 手机在功能上的完善也非常显著。据专业人士分析，iPhone 4 手机在功能上远远超过了 iPhone 3GS 手机，升级之处多达百项。

乔布斯作为会议主办人，他在发布会上自己的主题演讲中重点讲到了功能上的 6 项最主要的改进。其中硬件方面包括三轴陀螺仪、A4 处理器、全新的拍摄系统等。在系统和软件方面包括 iBooks 的引入、iOS4 的装载，以及 iAds 广告系统和视频通话功能的加入。

这样功能强大的机型，在价格上反而降低了不少。相较于苹果公司产品一直以来的"贵族"价格，iPhone 4 手机的价格确实让爱好苹果公司品牌的消费者松了一大口气。

iPhone 4 手机由于采用了三轴陀螺仪，彻底颠覆了用户的游戏体验。相较于其他功能的提升，唯有这项是全新加入的硬件。三轴陀螺仪让 iPhone 4 手机能够灵敏地感应到 3 个维度的方向变化，这样一来，手机对动作感应的能力就会大大增强。

乔布斯预言："动作感应能力的增强对爱好重力游戏的用户来讲，将会是全新的体验。"

乔布斯在发布会上并没有重点提及 A4 处理器的采用。但值得注意的一点是，乔布斯强调了 iPhone 4 手机的电池能耗情况。事实上，相对于 iPhone 3GS 手机的电池能耗来讲，iPhone 4 手机并没有显著提升。在加入 A4 处理器后，电池能耗没有下降，这本身就已经是一种很大的进步了。

iPhone 4 手机全新的拍摄系统是最出乎消费者意料的，500 万像素的拍照支持了 720P 高清视频拍摄，让消费者感受到了前所未有的手机拍照体验。按照乔布斯的说法："iPhone 4 手机采用了一种成像元件，成像能力上有很大的提升。"

iPhone 4 手机除了上述方面的提升外，它的显示技术也远远超出了业界水平。显示屏幕的分辨率达到了800∶1的高对比度，提升至 iPhone 3GS 手机的 4 倍。

此外，iPhone 4 手机还加入了 IPS 宽可视角度技术。这一系列硬件功能的提升，远远超出了人们对手机硬件功能的想象。

同时，iPhone 4 手机在系统和软件方面也让人们感受到了苹果公司那无人可及的技术实力。拥有海量图书的 iBooks 商店是与 iPad 一同推出的，在正式加入 iPhone 4 手机之前，该商店也进行了一系列的升级，不仅可以阅读网上购买的图书，还可以阅读 PDF 文档、做笔记。同时书签系统也有升级，iBooks 可以同步用户的位置和书签信息。

就像许多人意料的那样，iPhone 4 手机装载了 iOS4，这样用户不仅可以一边听歌、下载，还可以一边上网、收发邮件；而且 iOS4 还支持对程序进行文件夹归档管理，有更好的数据保护功能。

此外，iPhone 4 手机还支持多个 Exchange 账户登录，除了 Exchange Serve2010，同时还支持 SSL VPN 网络连接。iAd 广告系统的加入，对 AppStore 里的开发者来说，绝对是一件好事。

iPhone 4 手机另外一个软件方面的升级，就是视频通话，Facetime 视频通话与之前的视频通话是有很大不同的。Facetime 视频通话在没有任何设置的情况下，就可以支持两部 iPhone 4 手机在 Wi－Fi 可用的环境中进行视频通话。

进行了这么多功能升级的 iPhone 4 手机最低售价只有几百美元。事实上，iPhone 4 手机 16GB 和 32GB 版本的签约价格分别是 199 美元和 299 美元，折合人民币分别是 1360 元和 2043 元。

2010 年 6 月 22 日，iPhone 4 手机在美国、英国、法国、德国和日本抢先上市，当时提供了黑、白两种颜色供消费者选择，并计划在 9 月底推广到至少 88 个国家。

在 iPhone 4 手机发布会上，乔布斯满怀激情地盛赞 iPhone 4 手机为"最美的产品"。事实的确如此，iPhone 4 手机一系列的功能升级引领着苹果公司走上了一条产品升级的道路。

但是，虽然 iPhone 4 手机的前途是光明的，道路却注定是曲折的，就在人们都在期待未来苹果公司又将带来怎样的惊喜时，iPhone 4 手机却遭遇了"滑铁卢"。iPhone 自 2007 年上市以来，第一次遭遇了大麻烦。

这个麻烦的根源，是手机信号。iPhone 4 手机的消费者普遍反映手机的信号不太好，有人更是致电苹果公司售后或者客服询问缘由。

不久，各种苹果公司手机"天线门"的新闻见诸报端，而且有愈演愈烈之势。形势使得乔布斯不得不重新站出来解决问题。

于是，在美国当地时间 2010 年 7 月 17 日，苹果公司在加州总部举行了有关 iPhone 4 手机信号问题的新闻发布会。

乔布斯的开场白一改往日高调姿态，他诚恳地对大家说："我们苹果公司不是完美的，当然也不能要求 iPhone 手机是完美的。"

另外，乔布斯承认，当用户以某种方式握持 iPhone 4 手机时，iPhone 4 手机确实会出现信号丢失问题。而对此，乔布斯给出的解决方案是：为 9 月 30 日之前购买 iPhone 4 手机的用户免费提供一部手机保护套。

此前，由于 iPhone 4 手机信号问题，苹果公司在美国遭到了用户的集体起诉。而在中国，信号危机爆发后，水货市场上 iPhone 4 手机的价格暴跌了 15%。这次危机的的确确给势头正劲的苹果公司当头一棒。

其实，在 iPhone 4 手机之前，前几代 iPhone 也或多或少存在信号方面的问题，只不过这次正好赶在了风口浪尖上了。

据一位知情人士透露，苹果公司高级工程师和天线专家鲁宾卡巴莱罗曾在 iPhone 4 手机早期设计阶段提醒乔布斯 iPhone 天线有问题，而且很可能会导致通话中断。

另外，在 6 月 24 日 iPhone 4 手机正式发布之前，有家运营商合作伙伴也对天线设计问题向苹果公司提出了质疑。

而实际上，早在 iPhone 4 手机开卖三四天、销量超过 170 万部时，也就已经有用户投诉，他们发现如果用手掌挡住电话外缘的一个角落，电话信号就会减弱。

不论是消费者的投诉还是媒体的指责，都不能对乔布斯构成真正的压力。这次一向高调、自信的乔布斯之所以在新闻发布会上证实根据苹果公司内部测试，iPhone 4 手机漏接电话的比率比 iPhone 3GS 手机要多，其原因在于一篇评测报道。

美国当地时间 7 月 12 日，在美国影响力巨大的《消费者报告》杂志刊登文章称："苹果公司刚刚发布不久的核心产品 iPhone 4 手机存在硬件问题。"

《消费者报告》杂志是一本在美国家喻户晓的杂志，它常对汽车、家电等日常消费品进行独立评测，其广泛的读者群及接近专业化的评测在社会受众中都具有举足轻重的参考与实用价值。

事实确实如此，苹果公司工程师那时刚刚完成对苹果公司 iPhone

4 手机的测试，并已确认这款手机信号接收问题的根源是天线存在缺陷。

这次的报道导致的直接结果是，7 月 13 日，苹果公司股价在纳斯达克的常规交易中下跌 10.86 美元，至 246.43 美元，跌幅 4.2%，这一跌幅创下两个星期以来的最高水平。

乔布斯一生曾多次面对世人的指责声与质疑声，所以对这一次的 iPhone 4 手机上市"滑铁卢"，乔布斯仍然选择从容面对，他只是貌似不经意间的两招就把世人的嘴堵上了。

第一招，避重就轻地解决问题。在新闻发布会上，乔布斯表示："每位购买 iPhone 4 手机的消费者都可免费获得一个保险杆护套，已经购买了这款附件的消费者将获得相应的补偿。如果用户仍然不满意的话，可以在 30 天内退货，只要手机没有被人为损坏，就可获得全额退款。为用户免费提供软胶保护套的方案将一直持续至 9 月 30 日，届时苹果公司将重新对此问题进行评估，或许到时候会修改相关政策。"

虽然在明眼人看来，上述举动的诚意仍然不够。更有分析师预估，保险杆护套的成本约为三五美元，以苹果公司预计至 2011 年夏季前可卖出 3600 万部 iPhone 4 实际来计算，整个成本最多约为 1.8 亿美元。乔布斯之所以这样做，显然是在避重就轻，比起销售手机所带来的利润，区区 1.8 亿美元只是九牛之一毛而已。

对于这样的解决方案，广大苹果公司的追捧者和手机经销商显然非常买账。就在新闻发布会后，尽管乔布斯"坦荡"地承认天线的确有问题，也不能阻挡 iPhone 4 在全球的热卖，截至 17 日当天，苹果公司共售出了 300 万台。

乔布斯之所以能够成功度过这次危机，还有至关重要的一招——那就是把其他智能手机厂商也"拉下水"。

在 17 日的新闻发布会上，乔布斯不但承认了苹果公司手机在设计上的确存在问题，更在解释 iPhone 信号问题时，把 RIM 公司的黑莓，以及诺基亚、摩托罗拉、HTC 的智能手机产品一块儿搭上了。对此，乔布斯说："因为握姿不同而导致信号不佳的情况各款智能手机都有。"

然而这一举动，着实让本来准备看好戏的那些智能机大佬们有些措手不及，纷纷通过各种方式发声。

RIM 公司的两位联席 CEO 第一时间发了公开信。信中称："苹果公司关于 RIM 产品的说法意图歪曲公众对于天线设计问题的理解，以帮助其摆脱目前困局。RIM 公司已经抛弃了像苹果公司在 iPhone 4 手机中使用的设计，而是采用了可以有效减少通话中断的创新设计。可以肯定的是，RIM 的客户并不需要采用某种特殊的方式来使他们的 BlackBerry 智能手机保持连接。苹果公司既然作出了这样的设计决策，就应该承担起责任，而不是试图把 RIM 和其他公司也置于同样的境地。"

摩托罗拉主管手机业务的联席 CEO 也表示："苹果公司指出所有手机都与 iPhone 4 一样存在天线问题是没有诚意的行为。"

此前曾发布"手机握姿指南"嘲讽苹果公司的诺基亚此次表现得较为温和，诺基亚在一份声明中表示："当天线设计与天线性能发生冲突时，诺基亚注重的是性能。"

HTC 则通过数据回击了乔布斯。HTC 称："我们'被演示'的产品 Droid Eris 的用户投诉率为 iPhone 4 的 1/4。"

不管怎样，乔布斯这一招无非又是一剂强心剂，在消费者看来，既然所有智能机都有这样的情况，那么自己又何必对 iPhone 4 手机要求过高而单单指责乔布斯呢?! 如此一来，自然也就平息了之前的愤怒。

事实也强有力地证明了，乔布斯这两记狠招取得了成功。有媒体称，在调查苹果公司各大支柱产品的销售情况时发现，Mac 和 iPod 没有任何供货问题，iPad 和 iPhone 供货则存在滞后，处于"造一台卖一台"的状况，客户等待时间超出公司预期。

# 开发先进平板电脑

自从 2009 年上市 iPad 以后，苹果公司并没有停止它在平板电脑开发上的步伐，而是在乔布斯的带领下继续前进。

2011 年 3 月 2 日，乔布斯十分意外地现身在旧金山芳草地艺术中心的春季苹果公司新产品发布会上，发布新一代平板电脑 iPad 2。新款产品不但速度更快、更轻、更薄，而且配备前后摄像镜头。相较于之前的 iPad 的不完美之处，都相应地有所弥补和升级。

乔布斯是个名副其实的"工作狂"，几乎每一次的新品发布会他都会亲力亲为，发挥他那颇具"魔力"的演说功力。伴随着媒体和研发团队的入场，乔布斯也登场了，从 1 月因身体不适请病假休养以来，这次是他首度在公众场合中露面。

只见他穿着招牌服装——黑色高领套头衫和牛仔裤，显得憔悴但活力充沛。大家都期待地看着乔布斯。他一开口就说："我们研发这项产品花了不少时间，我不想错过这个重大日子……"

其实，早在发布会之前，新一代平板电脑已经吊足了广大苹果公司迷的胃口。不同于之前"iPhone 4 手机天线门"，这次又是"新一代平板电脑设计泄露门"。

在苹果公司正式发布 iPhone 4 手机几个月之前，数码博客 Gizmo-do 却拿到了 iPhone 4 手机的原型机。据美国著名《连线》杂志爆料称，原来，这部原型机是一名苹果公司工程师在酒吧喝酒时不小心丢失的，后来被酒吧巡视员莱恩·霍根捡到，并以 5000 美元的高价转手卖给了 Gizmodo 网站。

随后，网站就将这部 iPhone 4 手机原型机几乎所有的潜力都压榨了出来，甚至将这部 iPhone 4 手机原型机拆解，研究其内部新硬件以博得急剧飙升的浏览量。对此，苹果公司方面则认为这部设备是被偷窃的，继而要求警方搜查网站编辑杰森·陈的住所并带走其电脑。

尽管这部 iPhone 4 手机原型机为网站带来了各种麻烦，却也着实为网站做了免费宣传。苹果公司虽然将两名拾获并出售的卖家以刑事犯罪告上法院并获得法庭支持，但是网站并没有受到处罚。相反地，在 iPhone 4 手机发布前后数月内，网站在自己的所有页面上，挂上该事件的宣传链接。

要知道，对于苹果公司这家拥有严格保密传统的公司，这种泄密事件是前所未有的。苹果公司新品上市前，总会爆出颇具离奇性的故事。

在经历了去年 iPhone 4 原型机丢失事件后，新一代平板电脑的上市之旅同样没有逃过这一"魔咒"。

据台湾媒体报道称，在新一代平板电脑尚未上市时，众多山寨商已经推出山寨版新一代平板电脑保护套。

2011 年 1 月 7 日在美国拉斯维加斯开幕的 CES 国际电子消费展上，新一代平板电脑还没到却已出现了新一代平板电脑保护套的身影。不久后设计泄密者曝光，据说是由鸿海集团富士康员工主动泄密给山寨厂商，才会发生新一代平板电脑未上市，周边商品却抢先曝光的事情。后来又有消息称，为此，相关员工已经被诉。

其实，早在 2010 年新一代平板电脑尚未上市时，中国内地网络及部分卖场上就可以抢先看到山寨版的保护套，由于产品的几个预留孔位置与网络上流传的新一代平板电脑照片位置相当类似，不但引发消费者关注，就连主力代工厂富士康也被惊动。

在产品上架后，负责制造的富士康科技马上向警方报案。经侦查发现，是富士康技术部员工在 2010 年 12 月 26 日外泄设计图，交由外围负责组织生产销售。

消息传来的第一时间，富士康董事长郭台铭十分生气，同时还下令严查，最后将涉案者 3 人以侵犯商业秘密罪起诉。至此，"泄密门"告一段落。

我们不能说乔布斯及其团队如此熟稔这样的营销战术，因为这些都是一些媒体的一面之词，但不得不承认这样的"巧合"的确起到了很好的宣传和推动作用。

经历了这一系列的事件以后，人们心理上对新一代平板电脑的期待值更高了。

这边的发布会仍在进行中，出席这次发布会的除了刚刚病休归来的乔布斯以外，还有苹果公司的首席运营官蒂姆·库克，会场上播放着乔布斯最爱的披头士乐队的歌曲，按照以往习惯摆放着新品发布会的陈设。

乔布斯充满激情地介绍完了一些产品的更新后，终于推出了当天的重头戏，随后，大屏幕上显示出新一代平板电脑的字样。

乔布斯带着他一贯的幽默对大家说：

这第一年我们做得非常出色，我们也愿意继续保持这样。那 2011 年如何呢？大家都有平板电脑了。2011 年会是山寨横行的一年吗？如果我们什么也不做，有一点可能会，但那不大可能。

乔布斯说这话一点不假，苹果公司并没有因为领先而不思进取。因此，他带来了苹果公司的最新力作——新一代平板电脑。

由于平板电脑市场的竞争越来越激烈，乔布斯在发布会上不仅谈论新款平板电脑的功能，也抨击了苹果公司的竞争对手。乔布斯表示，这些竞争对手是"盲目的模仿者"，它们的产品在功能和价格上甚至无法匹敌第一代平板电脑。在其他厂商还在仓促模仿第一代平板电脑之时，发布新一代平板电脑将使竞争的标杆大幅前移，很可能导致其他厂商回过头去"重起炉灶"。

然而，新一代平板电脑有这样的能力。首先是新一代平板电脑的厚度和重量。其厚度仅 8.8 毫米，而第一代则是 13.4 毫米。乔布斯这样形容新一代平板电脑的厚度："新一代平板电脑实际上较 iPhone 4 手机更薄，是显著的薄，不是薄一点，而是薄了 1/3。"新一代平板电脑重量仅 1.3 磅，较原先版本 1.5 磅更轻，将有黑白两款机身。电池续航力与先前相同约 10 小时，待机时间达 1 个月。

乔布斯又说，其次，新一代平板电脑售价与先前相同，介于 499 至 829 美元之间。预定 3 月 11 日在美国上市，包括日本、法国和德国等另外 26 个国家则于 3 月 25 日推出。

另外，乔布斯指出："新一代平板电脑采用更快的双核处理器、图形核心、单芯片整合设计。不但速度显著加快，而且在这个装置上图像非常棒。"

新一代平板电脑前后两个摄像头以及支持两种 3G 网络，可通过电脑视频通话，后置摄像头支持 720P 高清视频拍摄。这更是满足了各种人群的社交、商务和娱乐三重需求。

一向注重产品外观的乔布斯，这次仍然不例外。新一代平板电脑拥有超炫酷的智能盖，边缘棱角也更为圆滑，弧度自然延伸到了背部的平面上，内置麦克风更从耳机接口旁移到了顶端正中央，而背后的扬声器开孔也相应地增大了许多。

发布会的尾声中，乔布斯仍然不忘给人们带来惊喜，更是为广大"果粉"们送上两大礼物：

第一个礼物，就是 iOS 4.3 将伴随新一代平板电脑到来。

iOS 4.3 带来的新特性是：第一，Safari 浏览器性能大幅提升；第二，iTunes 家庭共享功能；第三，AirPlay 功能改进；第四，新一代平板电脑侧面开关可设定为静音或旋转锁；第五，个人热点网络连接共享功能；第六，内置摄像头。

第二件礼物可以说是新一代平板电脑的周边产品了，细心又早已吃透消费心理的乔布斯为大家准备了两款新外设。

除此之外，乔布斯还说："我们为第一代 iPad 打造了一款专用保护套，它表现得非常良好。不过想想我们花了那么多时间设计 iPad，却又要把它捂得严严实实，未免太可惜了。因此在新一代平板电脑上，我们应当想出一点更好的主意来。"

而这"更好的主意"便是——新的 Smart Cover。严格意义上说，新款 Smart Cover 并非保护套那么简单，它其实是个"智能封面"，仅用于保护屏幕。

新款 Smart Cover 共有 10 种色彩，聚氨酯和皮革各 5 种，售价分别为聚氨酯版 39 美元，皮革版 69 美元。

这些都是乔布斯的得意之处，因此他更大胆地预测："新一代平板电脑不仅有相同的使用时间，还维持同样的价格，完全一样的价格。有人说，这比我们的产品贵那么一点。可是你看这个矩形的价格表，6 款中有 5 款价格在 799 美元以下。当你把这些和超过 6.5 万个软件加在一起……我们认为 2011 年将是新一代平板电脑年。"

通过多项升级，新一代平板电脑不仅超过了前代，而且远远超出了业界水平。这似乎再一次印证了"成功者都是偏执狂"这句话——恰恰是乔布斯始终如一追求极致的个性，才有了苹果公司今天令人疯狂追捧的成就。

# 再辞职并溘然离世

2011 年 8 月 24 日，距离新一代平板电脑新品发布会仅仅半年的时间，总是喜欢"恶作剧"的乔布斯又给了人们一个意外。

乔布斯发表辞职信，表示辞去苹果公司 CEO 职务，自己被选为董事会主席，苹果公司 COO 蒂姆·库克将加入董事会并担任 CEO，这意味着如日中天的苹果公司正式开始进行高层权力交接。

乔布斯在辞职公开信中写道：

致苹果公司董事会和苹果公司团体：

我曾经说过，如果有一天我不再能够胜任，无法满足你们对我作为苹果公司首席执行官的期待，那么我将主动让你们知道。非常不幸的是，这一天已经来临。

从此之后，我将辞去苹果公司首席执行官一职，但是，如果董事会认为合适的话，我仍将继续担任苹果公司董事会主席、董事以及苹果公司员工等职位。

就我的继任者而言，我强烈建议公司按照我们的继任计划进行，并任命蒂姆·库克为苹果公司新任首席执行官。

我相信，苹果公司将迎来最光明、最具创新的时代。我也希望能够看到这一切，并在新的角色上继续为苹果公司的成功贡献一份力量。

在苹果公司，我已经结交了一些最好的朋友，感谢你们所有人，感谢你们多年来能和我一起工作。

乔布斯敬上

作为苹果公司的联合创始人之一的乔布斯，曾有过两次从苹果公司辞职的经历。

第一次在 1985 年，乔布斯因内部权力斗争而黯然离开苹果公司，随后于 1997 年重返公司，并带领一度奄奄一息的苹果公司东山再起。这 10 多年以来，乔布斯带领下的苹果公司推出一系列产品均销售火爆。

2011 年 8 月，苹果公司一度超越埃克森美孚，成为全球市值最高的企业，乔布斯也因此被一些人认为是过去 10 年中最耀眼的商业领袖之一。

第二次，也就是这次了，而不管是乔布斯本人，还是苹果公司都没有在声明信中提到乔布斯辞职的具体原因。但是，乔布斯的健康状况不佳，最近几次露面面容憔悴，不得不令外界猜测，他辞职只是时间问题。

其实，近年来，乔布斯的身体健康状况的确不太乐观，尽管他从不缺席苹果公司的每一个重要场合，但这也无法掩饰自己的身体状态。2004 年接受胰腺癌手术后，身体每况愈下；从 2009 年 1 月开始，他休病假近 6 个月，其间接受了肝脏移植手术；2011 年 1 月，乔布斯再次宣布休病假，而且没有公布休假时间。

乔布斯正式宣布辞职，引发有关他健康状况的新一轮猜测。就在他病休后，美国的八卦报纸《国家询问者》曾发表一篇颇为吸引眼球的报道。该报刊登了一组"形容枯槁"的乔布斯照片，并称他可能仅剩下 6 周生命。不过，好在 2011 年 3 月份的新一代平板电脑发布会上，乔布斯又意外地出现在世人的面前，使得谣言不攻自破。

这次，乔布斯是真的辞职了。乔布斯辞职的消息一经传出，纳斯达克市场上的苹果公司股票价格应声跌落，跌幅一度超过 5%，堪称是 8 月份美国硅谷最大的一次动荡。

其实，乔布斯早在年初时，就应该慢慢地开始放权了。自 2011 年 1 月起，乔布斯就以身体健康原因从苹果公司 CEO 岗位离职已经超过 7 个月，这也是乔布斯重返苹果公司以来，最长时间的休假纪录。有人因此猜测，乔布斯已经开始有计划地放权，不再事无巨细地管理苹果公司。

虽然在新一代平板电脑发布会和 WWDC 大会这样的重要场合，乔布斯仍然会出席，但已经明显开始减少发言时间。很显然，经过癌症折磨和多次手术的乔布斯，身体已经不能负担长时间的剧烈活动。

在与癌症斗争多年后，乔布斯在 2 月份时，就明白自己时日不多了。他平静地将这个消息告诉了几个好友，这些好友随后相继透露给了更多的人。于是，在此后几个月间，不断有人前往加州帕洛奥多，给乔布斯家打电话，询问他的身体是否还能接待客人，哪怕是最后一次。

据接近乔布斯的人士透露，电话起初还很少，但随后逐渐多了起来，电话铃声甚至从未间断。来电者都希望有幸与乔布斯告别，但多数都被他的妻子劳伦拦了下来。她满怀歉意地向来访者解释："乔布斯太疲倦了，没法接待太多的访客。"劳伦对其中一个人说，"在乔布斯离世前的最后几周，他甚至无力独自爬上自家的楼梯。"

有些人依旧没有放弃，他们希望第二天能再试一试。但劳伦还是拒绝了。乔布斯仅剩的一点力气只够最后告别之用。这位改变世界的伟人已经选好了陪伴他最后一程的人选。

在 4 月份新一代平板电脑发布后，乔布斯就已经对外宣布，将把苹果公司的主要业务，都转交给蒂姆·库克负责。他本人则继续担任首席执行官（CEO），并参与公司的重大决策。

更有消息称，乔布斯已经改变之前介入公司细节政策的作风，而只是定期与公司高层管理人员交流公司管理和计划。

与生命中的多数时间一样，乔布斯同样将他的最后时光牢牢掌控在自己手中。他邀请了一名挚友，内科医生迪安·欧尼斯陪他到最喜欢的餐馆一起吃寿司。他跟很多老同事一一告别，包括风险投资家约翰·多尔、苹果公司董事比尔·坎贝尔以及迪士尼公司 CEO 罗伯特·伊格。他还为苹果公司高管提供了一些建议，帮助他们为本周二的 iPhone 4S 手机发布会做准备。他还与自己的传记作家沃尔特·艾萨克森进行了沟通。他开始接受新的药物治疗，并告诉部分好友，希望尚存。

但乔布斯多数时候仍与妻儿相伴。欧尼斯说："乔布斯已经做出了选择。我曾经问他，是否为拥有子女而高兴。他说，这比任何事情都让他高兴一万倍。但对乔布斯而言，关键是按照自己的意愿生活，而不应把时间浪费在他认为不重要的事情上。他早就意识到自己的时间有限，因此一直都牢牢掌控自己的选择。"

在生命的最后时光里，这个工作狂人也变成了难得的顾家男人。自年初病危的消息传开后，乔布斯曾被请求出席告别晚宴，接受诸多奖项，都被他一一拒绝。如果身体情况良好，允许其前往苹果公司办公室。那么下班后，他最想做的事情就是回家与家人共进晚餐。

1991 年，乔布斯娶了斯坦福大学商学院工商管理硕士劳伦·鲍威尔为妻，婚后育有一子两女。此外，乔布斯还与前女友布瑞南生下女儿丽莎，由于乔布斯一度不承认，布瑞南曾短暂靠救济金抚养女儿，但之后乔布斯还是承认了自己与丽莎的父女关系。

如今丽莎同她自己的姑姑一样，成为一名作家，并已顺利从哈佛毕业，定居在欧洲。丽莎同乔布斯其他子女一样，从未在公众场合或者媒体上，发表过对自己父亲的看法。乔布斯希望自己的子女能理解自己，而他的生父阿卜·杜法塔·简德里也同样希望获得他的理解。

简德里直至 2005 年左右，才得知乔布斯是他的亲生儿子。他不记得自己是如何听说此事的，他只是说这个消息是"一个重大冲击"。

自那之后，简德里便开始在网上收集乔布斯的信息，观看乔布斯在苹果公司新产品发布会上的演讲。2009 年，乔布斯的健康恶化，他尝试着给对方发过几封电子邮件。而过去一年，这样的行为变成了定期的问候，内容都很简短："生日快乐"或"祝早日康复"。

简德里是个苹果公司迷。他的第一台以及后来的所有电脑一直都是苹果公司产品，现在他家里有苹果公司的笔记本和台式机各一台，苹果公司发布的每一款 iPhone 他都会尽快购买，还有一台 iPad。

就在人们都在为乔布斯从苹果公司的离开唏嘘不已时，乔布斯又一次给了大家一个意外！

2011 年 10 月 5 日下午约 15 时，也就是 iPhone 4S 手机新产品发布会的第二天，乔布斯辞世了。

据媒体报道称，乔布斯的死亡证明显示，乔布斯是在美国时间 10 月 5 日下午约 15 时，在加州帕洛奥多家中停止呼吸的，在列明的死因中，呼吸停止是直接原因，间接原因则是"胰腺神经内分泌肿瘤转移"。

乔布斯的妹妹、知名作家莫娜·辛普森说："最后的几周里，乔布斯最牵挂的是那些依靠他的人：苹果公司的员工、4 个孩子以及妻子劳伦。临终时，他语调温柔，饱含歉意。他为即将离我们而去而难过。"

直至生命的尽头，乔布斯也没有放开对苹果公司的所有关注。

去世前，卧在病榻上的乔布斯，依然尽力打起精神，观看 iPhone 4S 手机发布会直播，苹果公司为他专门搭建了私人视频直播线路。

自 2007 年 iPhone 诞生以来，这还是他第一次没有站在现场作演讲。对于自己的工作，这个苹果公司的掌舵者一向如醉似狂。有一次准备苹果公司大会演讲前，他满头大汗地练习了 3 天，总共 300 次演习，每次都要修正不满意的细节。

在发布会结束时，乔布斯微笑了一下，但没有说一句话。第二天他离开了人世，原本在网络上饱受批评的 iPhone 4S 手机，却刷新了一项新的销售数据，单日预订数已经超过 100 万部，iPhone 4S 手机的首日预订数超过了公司以前发布的任何新产品。这应该就是乔布斯想要的结果。

同样的 12 小时内，根据亚马逊公司的统计显示，售价为 17.88 美元，由沃尔特·艾萨克森所著的《史蒂夫·乔布斯》，预订量已经猛增了 41800%。

就在当天，台湾、纽约、上海和法兰克福的苹果公司专卖店都贴满了苹果公司迷的手工祝福卡片，去往乔布斯家的小道上都放满了人们送来的花、蜡烛和一个个被小心咬了一口的苹果……

乔布斯是在肿瘤发作 5 年后去世的。10 月 7 日，乔布斯被安葬于圣克拉拉郡，葬礼采用非宗教仪式。填写死亡证明的人名被涂黑了。就这样乔布斯永远地离开了。

美国当地时间 10 月 5 日，苹果公司宣布乔布斯去世，享年 56 岁。

另外，苹果公司还将于 10 月 19 日为乔布斯举办私人纪念大会，地点是在位于加利福尼亚丘珀蒂诺的苹果公司总部。

苹果公司现任 CEO 蒂姆·库克在乔布斯去世当天表示："不久后我们将在公司内部为乔布斯举办纪念仪式，回顾他卓越的一生。"

其实，在乔布斯去世前几天，苹果公司已经通知加州帕洛奥多警察局，称乔布斯预期会病逝。

帕洛奥多警察局发言人桑德拉·布朗说，警方获悉此事后的一周内，就已经开始准备人手了，为的是防止大量人群拥挤到乔布斯的家中。

但即便是这样，也无法阻止人们向这个"科技巨人"致敬，人们自发地来到苹果公司总部，身着黑色高领衫、牛仔裤和运动鞋，撰发博文，他们以各种形式悼念这个狂傲的天才，希望他在天堂路上，能够一路走好！

在最后一次拜访时，乔布斯对沃尔特说过这么一句话："一旦你离去，你就属于整个世界。"

而欧尼斯却说："他很食人间烟火，他远比我们多数人所了解的更为真实。这正是他的伟大之处。"

为了缅怀乔布斯，香港理工大学设计学院一名 19 岁的学生制作了一幅图片，将乔布斯的头像侧影与苹果公司徽标相融合，体现出乔布斯是苹果公司永远的灵魂。

这幅图片在互联网上迅速传播，吸引了成千上万的跟帖，甚至在 eBay 上已有采用该图片的纪念 T 恤和帽子出售。他因为这一设计已获得一份工作邀请。

这个学生称早在乔布斯 8 月份辞任苹果公司 CEO 时就设计了这一图案，只是没有人注意到。

这个学生称，在得知乔布斯去世的消息后，他周四再次将这幅图片贴到了网上，于是才吸引了众多网友的关注。

这张设计非常的巧妙，苹果的设计也有着许多趣闻，有人说这个苹果是智慧果，通过被咬掉一口，智慧便源源不断地流出。

然而这个学生的设计，让人们看到，苹果公司的智慧来源其实就是伟大的乔布斯，他改变了我们的生活，我们永远不会忘记乔布斯！

# 附　录

　　成为卓越的代名词，很多人并不能适应需要杰出素质的
环境。

—— 乔布斯

# 经典故事

## ⌘ 苹果公司诞生 ⌘

学生时代的乔布斯聪明、顽皮，肆无忌惮，常常喜欢别出心裁地搞出一些令人啼笑皆非的恶作剧。不过，他的学习成绩倒是十分出众。

当时，乔布斯就生活在后来著名的硅谷附近，邻居都是硅谷元老——惠普公司的职员。在这些人的影响下，乔布斯从小就很迷恋电子学。

乔布斯与斯蒂芬·沃兹涅克见面后，两人一见如故，常常在一起琢磨电脑。他们准备自己开发、制造个人电脑。

后来，他们买到了摩托罗拉公司出品的 6502 芯片，功能与英特尔公司的 8080 相差无几。两个狂喜的年轻人回到乔布斯的车库，开始了自己伟大的创新。仅仅几个星期，电脑就装好了。

精明的乔布斯立即估量出这种电脑的市场价值所在。为筹集批量生产的资金，他卖掉了自己的小汽车，同时沃兹涅克也卖掉了他珍爱的惠普 65 型计算器。就这样，他们有了 1300 美元。

1976 年 4 月 1 日那天，乔布斯、沃兹涅克及乔布斯另一个朋友韦恩签署了一份合同，决定成立一家电脑公司。公司的名称由偏爱苹果的乔布斯一锤定音——称为苹果。而他们的自制电脑则被顺理成章地追认为"苹果 1 号"电脑了。

## ❧ 被自己的公司扫地出门 ❧

1983 年，"丽莎"的发布预示了苹果公司的没落，一台不合实际、连美国人都嫌贵的电脑是没有多少市场的，而"丽莎"又侵吞了 Apple 大量研发经费。可以说苹果公司兴起之时就是其没落开始之日。

由于乔布斯经营理念与当时大多数管理人员不同，加上蓝色巨人 IBM 公司也开始醒悟过来，也推出了个人电脑，抢占大片市场，使得乔布斯新开发出的电脑节节惨败，总经理和董事们便把这一失败归罪于董事长乔布斯，于 1985 年 4 月经由董事会决议撤销了他的经营大权。

乔布斯几次想夺回权力均未成功，便在 1985 年 9 月 17 日愤而辞去苹果公司董事长，戏剧性地被自己创办的公司扫地出门。

## ❧ 独立时期 ❧

1986 年，乔布斯花 1000 万美元从卢卡斯手中收购了旗下位于加利福尼亚州的电脑动画效果工作室，并成立独立公司 Pixar 动画工作室。

在之后 10 年，该公司成为众所周知的 3D 电脑动画公司，并在 1995 年推出全球首部全 3D 立体动画电影《玩具总动员》。这个公司已在 2006 年被迪士尼公司收购，乔布斯也因此成为最大股东。

## ❧ 回归苹果公司 ❧

1996 年 12 月 17 日，全球各大计算机报刊几乎都在头版刊出了《苹果公司收购 NeXT，乔布斯重回苹果公司》的消息。此时苹果公司已濒临绝境。

乔布斯于苹果公司危难之中重新归来，苹果公司上下皆十分欢欣鼓舞。就连前行政总裁阿梅里奥也在迎接乔布斯的欢迎词中说："我们以最隆重的仪式欢迎我们最伟大的天才归来，我们相信，他会让世人相信苹果公司电脑是信息业中永远的创新者。"

乔布斯重归故里，心系大事业的梦想。他向苹果公司电脑的追随者们说："我始终对苹果公司一往情深，能再次为苹果公司的未来设计蓝图，我感到莫大荣幸。"

这个曾经的英雄终于在众望所归下重新回来了！

## 大胆改革推出新产品

受命于危难之际，乔布斯果敢地发挥了行政总裁的权威，大刀阔斧地进行改革。他首先改组了董事会，然后又做出一件令人们瞠目结舌的大事——抛弃旧怨，与苹果公司的宿敌微软公司握手言欢，缔结了举世瞩目的"世纪之盟"，达成战略性的全面交叉授权协议。

接着，他便开始推出了新的电脑。

1998 年，iMac 背负着苹果公司的希望，凝结着员工的汗水，寄托着振兴苹果公司的梦想，呈现在世人面前。

为了宣传，把笛卡尔的名言"我思故我在"变成了 iMac 的广告文案，由此成了广告业的经典案例。

新产品重新点燃了苹果公司拥戴者们的希望。3 年来他们一直在等待的东西出现了，iMac 成了当年最热门的话题。

在乔布斯的改革之下，苹果公司终于实现盈利。

## 健忘的乔布斯

乔布斯生前的好朋友亚当斯回忆，记得有一件比尔·盖茨（Bill Gates）来到 NeXT 公司参加会议的逸事。

那是 1986 年的秋天，楼下大厅的接待员打电话给正在楼上办公室的乔布斯，告诉他盖茨已经到了公司大厅。

亚当斯说："我看到乔布斯坐在办公室里，并不是很忙的样子，但是却一直没有起身下去迎接比尔·盖茨，也没有喊比尔·盖茨上来。

"事实上，他足足让比尔·盖茨在大厅里等了一个小时，乔布斯好像把这件事给忘了。单从这一点就已充分说明了他们之间的竞争关系。"

亚当斯透露，NeXT公司的工程师们纷纷借这一机会下楼，向比尔·盖茨请教问题。"我们十分享受这段时间，大约花了一个小时同盖茨交谈，直到史蒂夫把他喊上去。"

# 年　谱

1955 年，出生于美国旧金山市。

1976 年，与沃兹涅克创建苹果公司，推出 Apple Ⅰ 电脑。

1977 年，第一台彩色界面的个人电脑 Apple Ⅱ 推出。

1980 年，苹果公司上市，首日募得 1.1 亿美元。

1981 年，正式成为苹果公司总裁，开始设计 Mac 语言。

1984 年，Mac 电脑上市销售。

1985 年，被迫离开苹果公司。

1986 年，创办 NeXT，以 1000 万美元收购动画工作室。

1996 年，苹果公司收购 NeXT。

1997 年，重返苹果公司担任顾问。

1998 年，苹果公司恢复盈利，并推出一体机 iMac。

2000 年，被任命为苹果公司首席执行官。

2001 年，世界上第一款 iPod 上市销售。

2003 年，苹果公司推出 iTunes 音乐商店。

2004 年，患有胰腺癌并进行手术治疗。

2006 年，迪士尼公司 74 亿美元收购 Pixar，乔布斯成为迪士尼公司最大的个人股东。

2007 年，苹果公司发布第一款智能手机 iPhone。

2009 年，宣布病休，6 月份重返工作岗位。

2010 年，苹果公司推出新一代触屏平板电脑。

2011 年 8 月 24 日，辞去苹果公司 CEO 职位。10 月 5 日下午 15 时于美国加州帕洛奥多的家中病逝，享年 56 岁。

# 名 言

● 人生短暂，过着过着你就没了，明白吗？

● 你想用卖糖水来度过余生，还是想要一个机会来改变世界？

● 领袖和跟风者的区别就在于创新。

● 死亡很可能是唯一的、最好的生命创造。它是生命的促变者。它送走老一代，给新一代开出道路。

● 谨记自己总会死去，是让自己避免陷入"人生有所失"思考的最佳方法。

● 你如果出色地完成了某件事，那你应该再做一些其他的精彩事儿。不要在前一件事上徘徊太久，想想接下来该做什么。

● 你不能只问顾客要什么，然后想法子给他们做什么。等你做出来，他们已经另有新欢了。

● 创新无极限！只要敢想，没有什么不可能，立即跳出思维的框框吧！

● 但要是总把事情套在这种激进的新视角中，就有害无益了——那样将改变一切。有些事的确很重要，因为它们能够改变世界。

● 你的时间有限，所以不要为别人而活。不要被教条所限，不要活在别人的观念里。不要让别人的意见左右自己内心的声音。

● 勇敢地去追随自己的心灵和直觉，只有自己的心灵和直觉才知道你自己的真实想法，其他一切都是次要的。

● 成功没有捷径。你必须把卓越转变成你身上的一个特质。最大限度地发挥你的天赋、才能、技巧，把其他所有人甩在你后面。

● 我想它使世界联系得更紧密了，并且今后还会如此。一切事物都有弊端；一切事物都有无法预期的后果。在我眼中科技最有侵蚀性的产物是电视——但我还是要说，在最佳状态下，电视棒极了。

● 这是我的一个秘诀——聚焦和简化。简单比复杂更难。你必须辛勤工作理清思路并使之简单化。但是这一切到最后都是值得的，因为一旦你做到了，你便创造了奇迹。

● 每一个革命性的产品的到来都将改变一切。如果在你的职业生涯中能够为其中的一件工作过那将是非常幸运的。Apple 很幸运地能够将它们中的一些引入到这个世界。

● 对大多数人而言，给家里买一台电脑最令人不可抗拒的理由是，它将链接到一个全国性的交流网络。对大多数人而言，我们正处于一个真正了不起的突破的开始阶段，这个突破将像电话一样了不起。

● 当你作为一名木工正在打造一款漂亮的衣柜时，你不会在它的背面使用一块胶合板，哪怕它是面对着墙壁没有人会注意到它。你知道它在那里，所以你将会在它的背面使用一块漂亮的木板。为了你在晚上能够睡上安稳觉，审美的要求和质量的要求必须贯穿整个过程的始终。

● 如果你正处于一个上升的朝阳行业，那么尝试去寻找更有效的解决方案——更招消费者喜爱、更简洁的商业模式；如果你处于一个日渐萎缩的行业，那么赶紧在自己变得跟不上时代之前抽身而出，去换个工作或者转换行业。不要拖延，立刻开始创新！

● 并不是每个人都需要种植自己的粮食，也不是每个人都需要做自己穿的衣服，我们说着别人发明的语言，使用别人发明的数学，我们一直在使用别人的成果。使用人类的已有经验和知识来进行发明创造是一件很了不起的事情。

● 你的工作将会是你生活中很大一部分，唯一能使自己得到真正满足的是，做你认为是伟大的工作。做一份伟大工作的唯一方法是：热爱你所做的工作。如果你还没有找到这样的伟大工作，那就继续寻找吧，不要妥协。

**图书在版编目(CIP)数据**

乔布斯／李连成编著.--北京:中国社会出版社,2014.8
(2022.6 重印)
　　ISBN 978－7－5087－4764－4

　　Ⅰ.①乔...　Ⅱ.①李...　Ⅲ.①乔布斯,S.(1955~2011)－
传记　Ⅳ.①K837.125.38

中国版本图书馆 CIP 数据核字(2014)第 124010 号

| | | | |
|---|---|---|---|
| 出 版 人:浦善新 | | 策划编辑:侯　钰 | |
| 责任编辑:侯　钰 | | 封面设计:张　莉 | |

出版发行:中国社会出版社　　　　　地　　址:北京市西城区二龙路甲 33 号
邮政编码:100032　　　　　　　　　编 辑 部:(010)58124867
网　　址:shcbs.mca.gov.cn　　　　发 行 部:(010)58124866
经　　销:各地新华书店

印刷装订:北京华创印务有限公司　　开　　本:170mm×240mm 1/16
印　　张:13　　　　　　　　　　　字　　数:200 千字
版　　次:2014 年 8 月第 1 版　　　印　　次:2022 年 6 月第 3 次印刷
定　　价:49.80 元

中国社会出版社微信公众号　　　　　　中国社会出版社天猫旗舰店